Christian Ankowitsch / Manfred Stelzig

OH TANNENTRAUMA

Christian Ankowitsch / Manfred Stelzig

OH TANNEN-TRAUMA

Wie Weihnachten wieder wundervoll wird

ecoWIN

Christian Ankowitsch / Manfred Stelzig
Oh Tannentrauma
Wie Weihnachten wieder wundervoll wird

FSC
Mix
Produktgruppe aus vorbildlich bewirtschafteten Wäldern
und anderen kontrollierten Herkünften
Zert.-Nr. SGS-COC-004295
www.fsc.org
© 1996 Forest Stewardship Council

Das für dieses Buch verwendete FSC-zertifizierte Papier
EOS lieferte Salzer, St. Pölten

Umschlagidee und -gestaltung: **kratkys.net**

1. Auflage

Lektorat: Dr. Arnold Klaffenböck
Coverfoto Manfred Stelzig: Martin Vukovits (bei Langauer 1010 Wien)
Gesamtherstellung: www.theiss.at
Gesetzt aus der Sabon
Printed in Austria
ISBN 978-3-902404-98-5

1 2 3 4 5 6 7 8 / 12 11 10

www.ecowin.at

Inhaltsverzeichnis

Liebe Leserin, lieber Leser!

Als mich Hannes Steiner, der Chef des Ecowin Verlages, fragte, ob ich Lust hätte, ein Buch über Weihnachten zu schreiben, und das in Form eines Adventskalenders, habe ich sofort begeistert zugestimmt. In meiner Tätigkeit als Psychiater und Psychotherapeut erlebe ich jedes Jahr, wie belastend Weihnachten sein kann: Weil es den Menschen Stress beschert anstatt beschaulicher Ruhe, weil es zu Spannungen in der Familie führt und weil manche sich vor der drohenden Einsamkeit ängstigen. Doch es gab noch einen zweiten wichtigen Grund, dieses Buch zu schreiben: Es ist mir ein großes Anliegen, möglichst vielen Menschen bewusst zu machen, welchen – oft sehr mächtigen – psychischen Mechanismen wir unterworfen sind. Sie zeigen sich anlässlich des Weihnachtsfestes in besonders anschaulicher Form. Ich wollte sie daher ein wenig genauer betrachten und beschreiben.

Bedanken möchte ich mich bei meinem Co-Autor Christian Ankowitsch: für die Eloquenz und Leichtigkeit, mit der er viele Themen ausformuliert hat, sodass dieses Buch, trotz des ernsten Hintergrundes, eine humorvolle und beschwingte Note bekam; und für die kreative Zusammenarbeit.

Bedanken möchte ich mich auch bei Claudia Steiner, die das Werden dieses Buches liebevoll, aufmunternd und unterstützend begleitet hat. Aber auch bei ihrem Mann, Hannes Steiner, der als enthusiastischer Verleger eine besondere Begeisterung in den Verfassern dieses Buches entfachen konnte und der in seiner typischen Art für viele wichtige Ideen und Impulse sorgte. Arnold Klaffenböck war ein umsichtiger, zugleich kritischer Lektor, der dem wuchernden Text den richtigen Schnitt verpasst hat. Auch ihm sei Dank.

Bei den Leserinnen dieses Buches möchten wir uns entschuldigen, da wir uns auch diesmal, im Sinne der leichteren Lesbarkeit des Buches, für die gängigere männliche Form entschieden haben. Wir hoffen, dass Sie diese Entscheidung akzeptieren und das Buch dennoch genießen können.

Darum soll es in diesem Buch gehen

Im Advent, in der Zeit der Vorbereitung auf das große Fest, die Geburt Christi, kommen alle Stärken und Schwächen des Menschen verstärkt zum Vorschein. Wir können in diesen 24 Tagen ablesen, was wichtig ist in unserem Leben, was wir getrost lassen könnten und was wir verändern wollen. So bietet es sich an, die 24 Tage des Advents aus psychologischer Sicht zu beleuchten und daraus Anregungen für den Rest des Jahres zu gewinnen.

Jedes Jahr dasselbe: Erst kommen die Supermärkte und stellen im Spätherbst Lebkuchen und Schokolade-Nikoläuse ins Regal. Dann geschieht erst mal nichts, bis wir im November mit den guten Vorsätzen loslegen. Diesmal werden wir rechtzeitig Geschenke besorgen, den anderen von unseren wahren Wünschen erzählen, die ganze Familie um uns versammeln, die Großeltern und Eltern besuchen, die Kinder überraschen, unseren Lebensgefährten unsere Liebe zeigen, die Wohnung putzen, selbst einen Christbaum im Wald schlagen, harmonisch feiern, vielleicht sogar in die Messe gehen, kochen, backen, braten – und einen ausgedehnten Spaziergang in der winterlichen Natur machen.

Und? Was geschieht? Am 24.12. sitzen wir meist da, der Enttäuschung näher als dem Glück, nach dem wir so große Sehnsucht haben.

Wieso das so ist? Nun: Wer sich die 24 Tage vom 1. bis 24. Dezember genauer ansieht, wird entdecken, dass wir jedes Jahr von Neuem die wichtigsten Lebensfragen hervorkramen und beantworten wollen. Das ist ein ehrenwertes Vorhaben, doch eines, das kaum gelingen kann. Daher auch die Enttäuschung. Warum sollte es uns gerade in den wenigen Tagen vor Weihnachten gelingen, unsere schwierigen Familienverhältnisse zu klären? Wir endlich zu sagen wissen, was wir uns wirklich wünschen? Die weltbesten Menüs kochen lernen? Unsere Sehnsucht nach einem harmonischen Leben erfüllen?

Dazu kommt, dass die Art, wie viele Menschen Weihnachten feiern, immer häufiger kritisiert wird: Die Weihnachtslieder dienen nicht mehr der Besinnung, sondern wirken wie die Glocke beim Pawlowschen Hund, der den Glockenton mit Fressen verbindet (und nicht mit Einkehr). So hat eine Untersuchung des „Fonds Gesundes Österreich“ ergeben, dass den meisten Menschen der eigentliche Sinn von Weihnachten verloren gegangen ist und das Schenken sowie Beschenktwerden, also der Konsumzwang, im Vordergrund stehen.

Dieses Buch soll Ihnen dabei helfen, Weihnachten mit neuen Augen zu sehen, es soll Ihnen Wege zeigen, wie Sie einige Ihrer Sehnsüchte realisieren können: Wie Sie Weihnachten als Fest des Wahren, des Stimmigen, der Verbundenheit, der Freude und der Leichtigkeit feiern können. Das Buch will Ihnen nichts Verbindliches vorschreiben, hingegen einige Ratschläge geben, wie Sie das Fest neu entdecken können. Das Buch will (und kann) auch keine Anleitung für das perfekte Weihnachtsfest liefern. Vielmehr will es Sie einladen, sich mit dem Unvollkommenen anzufreunden, innezuhalten, zu überlegen, was sich diesmal vielleicht anders machen ließe als in den Jahren zuvor – stets darauf bedacht, die Dinge mit Leichtigkeit, Lebendigkeit und Beschwingtheit anzugehen. Sie werden eine Menge an Ideen, Tipps und Vorschlägen in diesem Buch finden. Achten Sie einfach darauf, welche davon Sie ansprechen und lassen Sie alle anderen einfach links liegen.

So ist das Buch aufgebaut

Dieses Buch ist wie ein psychologischer Adventskalender aufgebaut. Er hat also 24 Kapitel. Sie widmen sich jenen Fragen, die uns typischerweise in der Vorweihnachtszeit beschäftigen. Doch nicht nur das. Das Buch will Ihnen zudem verraten, was sich hinter den Fragen versteckt und welche Möglichkeiten es gibt, um den vielen Fallgruben der Vorweihnachtszeit zu entgehen. Und vielleicht gelingt es Ihnen mit Hilfe dieses Büchleins auch, ein paar dieser Fragen dauerhaft zu beantworten. Damit Sie sich die alljährlichen Enttäuschungen ersparen – und wirklich Weihnachten feiern können.

Salzburg/Berlin, im Juli 2010

1.

„Weihnachten? Schrecklich – ein einziger Stress!“

Warum so viele über das schönste Fest des Jahres stöhnen – und welche Haltung wir einnehmen könnten, um nicht mehr nur zu jammern, sondern die eine oder andere Sache zu ändern.

Obwohl Weihnachten von den allermeisten Menschen als das wichtigste und schönste Fest des Jahres betrachtet wird, mussten wir ein wenig suchen, bis wir eine Hymne darauf gefunden haben. Schließlich war es so weit. Sie stammt von einem Schriftsteller, der normalerweise für die Schilderung von Indianer-Überfällen und Schießereien im Wilden Westen zuständig ist, von Karl May. Eine seiner Reiseerzählungen beginnt folgenderweise: „Weihnacht! Welch ein liebes, liebes, inhaltsreiches Wort! Ich behaupte, dass es im Sprachschatze aller Völker und aller Zeiten ein zweites Wort von der ebenso tiefen wie beseligenden Bedeutung dieses einen weder je gegeben hat noch heute gibt. Dem gläubigen Christen ist es der Inbegriff der heiß ersehnten Erfüllung langen Hoffens auf die Erlösung aller Kreatur, und auch für den Zweifler bedeutet es eine alljährlich wiederkehrende Zeit allgemeiner Festlichkeit, der Familienfreude und der strahlenden Kinderaugen.“ Der naheliegende Titel dieser Erzählung: „Weihnacht“.

Hören wir uns hingegen bei Freunden, Bekannten und Kollegen um, so werden wir in den meisten Fällen nur ein entnervtes Augenrollen zu sehen bekommen. Die etwas Gesprächigeren werden sich zu einem „Dieser Weihnachtsstress!“ hinreißen lassen, „ihr wisst schon!“. Und tatsächlich: Wir wissen schon. Das Fest, das als Inbegriff des Friedens, der Liebe und der Besinnung gilt, nimmt die meisten Zeitgenossen derart mit, dass sie stöhnen, ächzen und jammern – ohne dass ihnen irgendwer widersprechen könnte. Wir auch nicht. Denn es gibt eine Menge Gründe, die den allgemeinen Stress rechtfertigen; wir wollen versuchen, die wichtigsten davon aufzuzählen.

Während das (aus jüdisch-christlicher Sicht gesehen) deutlich wichtigere Pessach- bzw. Osterfest von den meisten Menschen angemessen gefeiert wird, treiben sie mit dem (theologisch gesehen nicht ganz so wichtigen) Weihnachten ungleich größeren Aufwand und verbinden mit ihm jede Menge an Wünschen und Sehnsüchten, Pflichten und Notwendigkeiten. Daraus ergeben sich sehr lange To-do-Listen: Adventskranz und Christbaum kaufen, Geschenke besorgen, Kekse backen, Festessen ausdenken und kochen, Wohnung putzen, Schränke ausmisten, Weihnachtsfeiern im Job überstehen, die Familie einladen, Verwandte besuchen und so weiter und so fort.

Allein der Gedanke an all diese Aufgaben lässt unser Herz höher schlagen – aber nicht vor Freude, sondern vor Aufregung und Furcht, sie nicht managen und bewältigen zu können. Gesteigert wird das Gefühl, ziemlich unter Druck zu stehen, noch von dem Umstand, dass wir unsere langen To-do-Listen *neben* all den beruflichen und privaten Pflichten erledigen wollen, die für sich genommen schon dazu geeignet sind, uns auf Trab zu halten. Für zusätzliche Aufregung sorgen unsere Mitmenschen, die sich denselben Druck machen wie wir und die dieselben Listen in den Taschen tragen. So rennen wir in den Wochen vor dem Fest genervt durch die Welt, treffen auf genervte Mitmenschen, genervte Verkäufer und genervte Familienmitglieder und machen einander das Leben schwer. Weihnachten? Schrecklich – ein einziger Stress!

Schrecklich? Zweifellos. Aber auch: Glücklicherweise! Denn wer sich den Stress rund um Weihnachten ein wenig genauer ansieht, wird etwas sehr Hilfreiches feststellen: Er macht uns nicht nur bewusst, dass wir ein wenig viel Aufwand mit der Vorbereitung des Festes treiben, sondern stößt uns auch darauf, welche Themen uns das Jahr über beschäftigen, ohne dass wir sie angemessen beachten bzw. angehen würden. Nehmen wir nur den Wunsch, gemeinsam mit Oma und Opa und Onkeln und Tanten Weihnachten feiern zu wollen. Ein großes Familienfest, harmonisch, für alle eine Freude und ein Signal in einer Welt, in der es immer mehr Singles und Einsame gibt. Doch bei der Umsetzung dieses schönen Plans werden wir recht schnell erkennen müssen, dass sich mehr ungeklärte Konflikte durch unsere Großfamilie ziehen, als wir wahrhaben bzw. uns eingestehen wollten. Oder nehmen wir die Sache mit den Geschenken: Während wir uns ausmalen, welch wunderbare Dinge wir bekommen bzw. verschenken werden, schälen wir am Heiligen Abend doch nur einfallsloses Zeug aus dem Einwickelpapier. Oder die Debatten mit den Kindern; sie sollten stimmungsvoll „Ihr Kinderlein kommet“ geigen und was tun sie? Weigern sich und befassen uns mit ein paar Erziehungsfragen.

Warum das alles so ist? Wir glauben, dass die Adventszeit und Weihnachten wie Problembeschleuniger wirken: Sie bringen auf den Punkt, was uns das Jahr über (unbewusst) beschäftigt. Sie kitzeln hervor, worum wir bisher vorsichtig einen Bogen geschlagen haben. Und sie lassen ausbrechen, was wir bisher unter der Decke halten konnten. So lässt die Zeit vor dem 24. Dezember Konflikte innerhalb der Familie deutlich werden, sie zeigt uns unser ungeklärtes Verhältnis zu den eigenen Wünschen, sie stellt uns Grundsatzfragen zur Kindererziehung und sie konfrontiert uns mit unserer uneingestandenen Sehnsucht nach Harmonie, Frieden und Geborgenheit.

Ein paar Ratschläge

* Ausweichen oder kämpfen – alles zu seiner Zeit

Wie immer im Leben gibt es mehrere Möglichkeiten, mit solch turbulenten Phasen umzugehen: Augen zu und durch, jammern, schimpfen, ignorieren, weglaufen, direkt angehen. Wir wollen keine dieser Optionen schlechtmachen – es hängt vom jeweiligen Zusammenhang ab, wie sie zu beurteilen sind. So ist jeder gut beraten, vor Situationen wegzulaufen, die ihn akut bedrohen und in denen er, wie bei aggressiven Konflikten, Schaden nehmen könnte. In einem anderen Moment wiederum handeln wir angemessen, wenn wir (gnädig) die Augen schließen, und in wieder einem anderen Moment sollten wir die Sache direkt angehen. Wir haben in unserem kleinen psychologischen Adventskalender daher auch versucht, die tieferen Fragen hinter der Oberfläche zu entdecken – und dafür hilfreiche Antworten zu finden, die uns im jeweiligen Zusammenhang passend erscheinen.

Im Grunde geht es uns um drei wichtige Ansätze: zu erkennen, wie eng wir mit unserer Umwelt verbunden sind – im Guten wie im Schlechten (mit der Konsumgesellschaft, der Familie, den Freunden); zu wissen, dass wir auf unsere eigenen Werte und Gefühle hören sollten; und zu entscheiden, wie wir unser Leben gestalten wollen, was uns glücklich macht, worauf wir verzichten können. Das beginnt beim Einkaufen und beim Fernsehen und endet bei der Familie und dem Beruf. Uns nur angewidert oder enttäuscht von allem abzuwenden, ist angesichts mancher vorweihnachtlicher Absurditäten zwar verständlich, auf Dauer gesehen aber wenig hilfreich. Ebenso wenig bringt es uns, bloß nach Schuldigen für das ganze Schlamassel zu suchen – wir werden sie zweifellos finden. Aber bringt uns das schon eine Veränderung zum Positiven? Uns in die Opferrolle zu begeben, führt nicht zu seelischer Ausgewogenheit, zu Harmonie und zu Entspannung, schon gar nicht zu größerer Autonomie. Daher sollten wir uns davor hüten, uns gemütlich in der Opferrolle einzurichten. Das manövriert uns in eine psychische Sackgasse, aus der wir so leicht nicht wieder herauskommen. Wir bleiben der Kränkung, dem Ärger, dem Negativen verbunden, während alles weitergeht wie bisher.

Aus dieser misslichen Situation können wir uns nur befreien, indem wir das Ruder selbst in die Hand nehmen und versuchen, den Kahn dorthin zu steuern, wohin wir ihn haben wollen. Erst dadurch bekommen wir die Chance, unabhängig zu werden, autonom, ausgeglichen und entspannt. Keine Frage: Es gehört zum Leben dazu, dass Dinge nicht so laufen, wie wir uns das wünschen, dass wir tatsächlich das Opfer sind und bleiben. Dieser Umstand stellt unsere Fähigkeit zur Toleranz ebenso auf die Probe wie jene, uns gegen alle Zumutungen abzugrenzen. Aber es ist etwas anderes, nicht voranzukommen, weil man untätig geblieben ist, oder weil man zwar vieles versucht, die Verhältnisse aber stärker waren als wir. Wir wollen Sie in unserem Büchlein dazu ermuntern, diese Herausforderungen anzunehmen und zu lernen, wie Sie – gestärkt durch die Idee des Weihnachtsfestes – Ihr Leben so in die Hand nehmen könnten, wie Sie es sich wünschen. Gerade die Weihnachtszeit ist eine Chance, diesen wesentlichen Teil in uns und zwischen uns zu neuem Leben zu erwecken.

* Machen Sie durchaus halbe Sachen

Nein, wir stellen uns nicht vor, dass wir Ihnen im Folgenden ein paar Ratschläge anbieten, Sie diese umsetzen und dann der immerwährende Weihnachtsfrieden ausbricht. Nicht nur der Germteig für den Gugelhupf braucht seine Zeit, auch wir selbst – und zwar deutlich mehr als die Mehlspeise. Es reicht also, wenn Sie versuchen, eine Art Weihnachtswaffenstillstand zu erreichen; wenn Sie sich all der auftauchenden Fragen und Probleme bewusst werden und erste Ideen dafür entwickeln, wie sie lösbar sein könnten. Wie das im Einzelnen aussehen könnte – darüber in den nachfolgenden 23 Kapiteln mehr. Hier, im ersten Türchen unseres psychologischen Adventskalenders, geht es uns vor allem um Grundsätzliches: Sie daran zu erinnern, dass es zwar viele Gründe gibt, den Lauf der Dinge zu beklagen, andere für unangenehme Dinge und für Zerwürfnisse verantwortlich zu machen – dass wir aber *immer* eine Möglichkeit haben, etwas zu unternehmen. Und dass unsere Versuche, die Dinge zum Besseren zu wenden, Auswirkungen auf unsere Mitmenschen haben (wenn auch manchmal andere, als wir wollen – aber was immer wir tun mögen, es kann nicht ohne Folgen bleiben, ebenso wie die Handlungen der anderen für uns). Soweit zum Grundsätzlichen dieses Büchleins. Doch zwei konkrete Ratschläge haben wir noch.

*** Seien Sie dem Stress durchaus dankbar**

So wie Keks nicht Keks ist, so ist Stress nicht Stress. Es gibt unterschiedliche Sorten davon. Wir wollen hier kurz auf seine positive Form hinweisen. Die Erzählung einer Bekannten hat uns daran erinnert, es unbedingt zu tun. Sie berichtete nämlich von einem Weihnachtsfest, während dessen Vorbereitungszeit ihr endlich einmal gelungen war, was sie sich immer schon gewünscht hatte: keinen Stress zu haben. Sie hatte es tatsächlich geschafft, alles ruhig und beschaulich zu gestalten, ohne dabei außer Atem zu kommen; sie dachte rechtzeitig an die Vorbereitungen, die Geschenke und die Weihnachtspost. Mit einem unerwarteten Ergebnis: Es fehlte ihr etwas ganz Entscheidendes am Weihnachtsfest, und zwar der Stress! Dieses Weihnachten war sozusagen spurlos an ihr vorübergegangen. Es gilt also offensichtlich, den richtigen Mix zu finden zwischen den beiden Extremen. Seien

Sie also der herrschenden Aufregung rund um Weihnachten in gewissen Momenten durchaus dankbar; sie scheint zu einem geglückten Fest dazuzugehören.

* Sehen Sie zu, dass Sie den Stress loswerden

Und zwar den negativen Stress, der Ihnen die Luft zum Atmen nimmt und Sie mit Angst erfüllt. Haben Sie den Eindruck, dass er Sie zu erfassen beginnt, dann laden wir Sie zu folgender Übung ein, die in der Psychotherapie als „Stresswaage" bekannt ist. Um sie zu realisieren, brauchen Sie nicht mehr als ein Blatt Papier. Listen Sie auf einer Seite alle belastenden Faktoren auf. Die gegenüberliegende Seite ist all jenem vorbehalten, was Ihr Leben entlastet, lebenswert macht, Freude und Lebendigkeit bringt – also die Stresswaage ausgleichen kann. Für unsere konkrete Situation bedeutet das: Schreiben Sie auf die eine Seite des Blatts all jenes, was Sie im Zusammenhang mit Weihnachten als Belastung empfinden, auf die andere Seite, was Sie an der Weihnachtszeit schön finden, was Sie genießen wollen, was Ihnen wichtig ist, wie Sie die Adventszeit und Weihnachten gestalten wollen.

Haben Sie diese Übung erledigt, nehmen Sie sich bitte noch ein wenig Zeit und überlegen Sie, wie Sie diese positiven Punkte Wirklichkeit werden lassen könnten. Mit dieser Technik werden Sie den vielen Belastungen deutlich leichter begegnen können. Zusätzlichen Nutzen bringt es, wenn Sie sich auf den kindlichen Teil Ihrer Seele einlassen. In ihm wohnt Ihre Lebendigkeit, Neugierde, Begeisterungsfähigkeit und Ihre Sehnsucht nach Liebe, Schutz und Geborgenheit. Versuchen Sie sich von dem herrschenden Trubel der Vorweihnachtszeit zu distanzieren – um am Heiligen Abend ganz anwesend sein zu können.

2.

„Jetzt tauchen die Schoko-Nikoläuse schon im September in den Geschäften auf!“

Über das eigenartige Gefühl, zur falschen Jahreszeit mit Weihnachtsartikeln konfrontiert zu werden, und wie wir der ganzen Angelegenheit doch noch etwas Gutes abgewinnen können.

Die meisten von uns werden von der Weihnachtszeit eiskalt erwischt. Da gehen wir nichts ahnend und in kurzen Hosen in den Supermarkt, in den Taschen noch den Sand des türkischen Strandes, im Gesicht die Bräune langer Badetage, und laufen direkt in einen Turm mit Lebkuchen, Dominosteinen und Schoko-Nikoläusen. Hilfe! Was ist das? Wo sind wir hier gelandet? Haben wir eine unfreiwillige Zeitreise unternommen? Nach einer Schrecksekunde dämmert es uns: Die Weihnachtssaison ist eröffnet! Und das, obwohl das Jahr erst zu zwei Drittel rum ist!

Die Schuldigen sind bald gefunden. Wen immer wir gefragt haben, er murrte über geschäftstüchtige Firmen und unsensible Supermärkte, die jedes Jahr früher damit begännen, uns Weihnachtsartikel aufzunötigen. Aus purem Geschäftsinteresse! Im September mit dem Thema „Weihnachten“ konfrontiert zu werden, sei ähnlich unpassend, wie im tiefsten Winter Ostereier bemalen zu müssen. Frühestens im November, noch besser im

Advent sei man dazu bereit, sich festlich einstimmen zu lassen; nicht ohne Grund habe sich diese Tradition herausgebildet.

Das Eigenartige an der Situation: Die Supermärkte und Lebkuchenproduzenten begründen den Frühstart in die Weihnachtszeit genau umgekehrt. Die große deutsche Illustrierte „stern“ hat vor ein paar Jahren nachgefragt und erfahren, dass wir, die Konsumenten, daran schuld seien. Wir wollten es einfach so. Der Beweis: Die Nikoläuse fänden reißenden Absatz, ebenso die Dominosteine. Wir könnten versichert sein: Wenn keiner mehr Weihnachtsartikel im September haben wolle, würden sie auch nicht mehr angeboten. Um die Sache endgültig undurchschaubar zu machen, hören wir von den Konsumentenschützern: Es sei das Angebot, das die Nachfrage schaffe; stünden da keine Nikoläuse, würde niemand auf die Idee kommen, welche zu kaufen.

Wie dem auch sei (wir werden weiter unten noch versuchen, die Sache zu klären): Über die Unart, die Vorweihnachtszeit so früh im Jahr beginnen zu lassen, kann man zwar wunderbar klagen, aber das sollte uns als einzige Möglichkeit nicht genügen. Daher ...

... ein paar Ratschläge

* Sehen Sie sich die Nikoläuse ein wenig genauer an

Es gibt größere Probleme als Schoko-Nikoläuse, die zur falschen Jahreszeit auftauchen, wir wissen es. Und dennoch sind sie in der Lage, uns schlechte Laune zu bereiten, denn die Weihnachtsbilder, die sie in uns wachrufen, passen überhaupt nicht zu unserer aktuellen Lebenssituation: Man nötigt uns, an brennende Kerzen, verschneite Abende, frische Winterluft und duftende Plätzchen zu denken, während wir uns doch auf den eben erst beginnenden

Herbst freuen und eingestimmt sind auf Nachmittage mit einer tief stehenden Sonne, die das Laub in seiner ganzen Farbenpracht zum Strahlen bringt. Die unpassenden Nikoläuse sind lästig, weil sie uns die Vorfreude auf das anstehende Weihnachtsfest vermiesen und uns dazu zwingen, an Dinge zu denken, an die wir einfach noch nicht denken wollen. Wie kommen wir dazu? Nur weil es die Supermärkte so wollen? Ärgerlich, zweifellos. Und durchaus ein Grund, darüber zu murren. Und wir sollten murren, wenn uns danach ist.

* Machen Sie nicht mit, sonst redet man sich bloß auf Sie raus

Wir sind Ihnen noch eine Begründung schuldig, wie wir uns die Sache mit den vorzeitig auftauchenden Lebkuchenstapeln erklären. Sie erinnern sich: Weder die Konsumenten noch die Supermärkte wollen damit etwas zu tun haben. Unsere Erklärung: Beide haben daran Mitschuld. Es mag auf den ersten Blick ein bisschen überzogen erscheinen, wenn wir uns dieser Frage ein wenig mehr zuwenden, aber es gibt einen guten Grund dafür: Das Beispiel zeigt anschaulich, was auch in vielen Beziehungen geschieht. Dass es nämlich nie bloß *einen* Schuldigen gibt, sondern mehrere. Und dass wir gut beraten sind, nicht nur die Fehler des anderen anzusprechen, sondern uns zu fragen, wie wir sie unter Umständen verursachen.

Wie es klassischerweise zwischen uns Menschen zugeht, hat der bekannte österreichische Psychologe und Kommunikationsforscher Paul Watzlawick am Beispiel von Paaren beobachtet, die einander immer wieder die gleichen Vorwürfe machen – und sich solcherart in eine stabil unangenehme Situation manövrieren. Watzlawick hat beobachtet, dass der eine dem anderen vorwirft, er müsse alles erledigen, weil der andere so passiv sei. Im Gegenzug werfe der Passive dem Aktiven vor, er reagiere bloß auf den anderen; er müsse passiv bleiben, denn würde er ebenfalls aktiv werden, dann würde man einander in die Quere kommen, worauf der Aktive dem Passiven wiederum vorwerfen kann, er müsse ... und so fort. Watzlawick hat dieses Hin und Her und Hin und Her ... „Spiel ohne Ende“ genannt, denn die daran Beteiligten hätten – erst einmal darin geübt – keine Chance, es zu beenden. Einmal seien sie die Opfer, dann wieder Täter, dann wieder Opfer – und der Ausgangspunkt des Streits sei längst im Dunkel der Vergangenheit versunken.

Ganz ähnlich, so glauben wir, verhalten sich die Konsumenten und die Supermärkte in der leidigen Frage: „Warum hüpfen bereits im September die Nikoläuse durch die Regale?“ Die Betreiber der Supermärkte sagen, dass die Konsumenten die Schokoladedinger wollen, und stellen sie in die Regale; damit schaffen sie freilich erst die Möglichkeit, dass sie gekauft werden (und die Weihnachtssaison zu früh beginnt). Die Konsumenten wiederum beschweren sich, dass man keine Rücksicht auf sie nehme, kaufen die Schokodinger aber, vielleicht aus der Überlegung, später im Jahr keine mehr zu bekommen, was die Supermarktbetreiber wiederum dazu bringt festzustellen: „Na, habe ich es euch nicht gesagt, es *gibt* einen Bedarf! Kommendes Jahr hauen wir die Nikoläuse noch früher raus.“ Sie sehen: Beide Seiten haben recht und unrecht zugleich – einander Vorwürfe zu machen, bringt nichts, die einzige Chance besteht darin, aus dem Spielchen auszusteigen. Im Privatleben kann das nur gelingen, indem sich Paare darüber verständigen, was sie da eigentlich machen – und das Muster durchbrechen (zum Beispiel, indem der Aktive weniger herumwuselt und der Passive den Po hochbekommt).

Beim Spielchen mit den Supermärkten bleibt uns freilich nur eines: Wir müssen konsequent bleiben und die Stapel ignorieren. Einfach nicht hinsehen, nichts kaufen, niente. Auch auf die Gefahr hin, später im Jahr keine Nikoläuse mehr zu bekommen. Es ist zwar nicht gesagt, dass sich viele daran halten werden, aber mal sehen, wie es übernächsten September im Nikolaus-Sektor so aussieht.

* Machen Sie das Beste daraus

Eine andere Variante, auf das Auftauchen der September-Nikoläuse zu reagieren, besteht darin, sie zwar *nicht* zu kaufen, aber dennoch zu beachten, und zwar als willkommene Erinnerung, das eine oder andere Weihnachts-Projekt in Angriff zu nehmen, das ein wenig mehr Zeit in Anspruch nimmt. Vielleicht gehören Sie ja zu den Menschen, die einen persönlichen Adventskalender basteln wollen, für Ihre Kinder oder andere Menschen, die Sie lieben. Dann wäre nun endlich einmal Zeit genug, die vielen kleinen Geschenke zusammenzusuchen, die Sie für die 24 Tage benötigen. Sie glauben, dass Ihre Kinder und die Ihrer Freunde bereits in einem Alter sind, in dem Adventskalender keine große Rolle mehr spielen? Weit gefehlt! Ihre Kinder arbeiten oder studieren zwar schon bzw. leben in anderen Städten oder fernen Ländern, aber wir sind uns ziemlich sicher, dass sie immer noch größten Wert darauf legen, an jedem Tag der Adventszeit ein kleines Päckchen aufmachen zu können und sich über irgendeine Kleinigkeit zu freuen, die Sie ihnen liebevoll besorgt haben.

* Machen Sie es wie Gabriele

In dem Theaterstück „Anatol“ des österreichischen Schriftstellers Arthur Schnitzler gibt es eine Szene, die uns zum nächsten Ratschlag führt. Darin können wir Anatol dabei beobachten, wie er gemeinsam mit seiner ehemaligen Geliebten Gabriele Weihnachtseinkäufe sucht. Und sich von ihr erklären lassen muss, wie man es besser machen könnte.

„Anatol: Ich mache auch Weihnachtseinkäufe! –
Gabriele: Sie!?
Anatol: Ich finde nur nichts Rechtes! – Dabei stehe ich seit Wochen jeden Abend vor allen Auslagefenstern in allen Straßen! –

Aber die Kaufleute haben keinen Geschmack und keinen Erfindungsgeist.
Gabriele: Den muss eben der Käufer haben! Wenn man so wenig zu tun hat wie Sie, denkt man nach, erfindet selbst – und bestellt seine Geschenke schon im Herbst. –
Anatol: Ach, dazu bin ich nicht der Mensch! – Weiß man denn überhaupt im Herbst, wem man zu Weihnachten etwas schenken wird? – Und jetzt ist's wieder zwei Stunden vor Christbaum – und ich habe noch keine Ahnung, keine Ahnung –!"

Nun, dem ist nicht viel hinzuzufügen. Wer wie Anatol „zwei Stunden vor Christbaum" losgeht, wird ähnlich ratlos bleiben wie er. Daher erscheint es uns sinnvoll, das Beste aus dem Frühstart der Supermärkte zu machen und es wie Gabriele zu halten. Die Belohnung: Sie entgehen dem unangenehmen Vorweihnachtsstress. Noch entspannter wird es freilich, wenn Sie sich das ganze Jahr über mit Ihren Lieben verbunden fühlen – und wo immer Sie passende Geschenke entdecken, sie auch gleich erwerben. Verstecken Sie sie in einer Schatztruhe, damit keiner sie zufällig entdeckt (und Sie wissen, wo Sie später suchen müssen). So dehnen Sie die lustvolle Tätigkeit des Geschenkesuchens und -besorgens über längere Zeit aus und fühlen sich Ihren Lieben länger verbunden.

* Schlagen Sie den Herstellern ein Schnippchen

Und schließlich hat die Angewohnheit, sich rechtzeitig um die Geschenke zu kümmern, noch einen ganz praktischen Vorteil: Sie schlagen den Spielzeugherstellern ein Schnippchen. Wie man in Fachbüchern über Wirtschaftspsychologie nachlesen kann, liefern sie ausgerechnet zur Weihnachtszeit zu wenig Stück von besonders begehrten Spielwaren aus. Und das nicht ohne Grund. Sie kalkulieren folgenderweise: Da Eltern am 24. Dezember nicht mit leeren Händen dastehen können und wollen, kaufen diese etwas weniger Attraktives. Nach den Feiertagen ist das begehrte Spielzeug – oh Wunder! – plötzlich wieder lieferbar. Mit dem Ergebnis, dass die Eltern es zähneknirschend auch noch kaufen, reden doch ihre Kinder seit Wochen von nichts anderem mehr. Wie schön ist es hingegen, bereits im Herbst durch die menschenleere Spielwarenabteilung des großen Kaufhauses geschlendert zu sein und das begehrte Ding vom Verkäufer persönlich hinterhergetragen bekommen zu haben. Schönen Dank an die Schoko-Nikoläuse!

3.

„Mit wem sollen wir bloß feiern?“

Über schwierige Beziehungs-Fragen, die uns das Weihnachtsfest stellt, und wie wir sie beantworten können – in einer für alle einigermaßen akzeptablen Form.

Wenn es ein Fest gibt, das für sich in Anspruch nehmen kann, ein klassisches Familienfest zu sein, dann ist das Weihnachten. Und auch darüber, wie wir es idealerweise verbringen sollten, gibt es keine Debatten: im Kreis der engsten Familie! Natürlich! Nur – was tun, wenn wir in Verhältnissen wie Michael leben, die Hauptperson unserer kleinen Einstiegsgeschichte? Michael ist Architekt, erfolgreich, selbstbewusst und seit knapp zehn Jahren mit Annette verheiratet, die ihm in nichts nachsteht. Auch sie ist Architektin, erfolgreich und selbstbewusst. Vor fünf Jahren kam das erste Kind des Paares auf die Welt, ein Sohn; zwei Jahre später ihr zweites, eine Tochter. Geplant, freudig erwartet, perfekt gelungen. Was will man mehr? Nichts. Doch weil unser Leben bisweilen eigenartige Wege geht und unsere Gefühle auch, verliebt sich Michael Hals über Kopf in seine Assistentin Xiane, verlässt seine Familie, um mit ihr zusammenzuleben. Keine neun Monate später wird Michaels drittes Kind geboren, eine Tochter. Doch kurze Zeit später dreht sich unsere Geschichte ein weiteres Mal: Michael kommt zur Besinnung, wendet sich reumütig an Annette. Sie verzeiht ihm rasch, denn für sie ist es das Allerwichtigste, dass Michael wieder mit ihr und den Kindern zusammenlebt – und die

Beziehung zu Xiane beendet. Was er tut – halbherzig. Aber das ist eine andere Geschichte …

Wir wollen nun nicht über Michael richten (obwohl es einiges über sein Verhalten zu sagen gäbe), sondern uns auf das Thema unserer kleinen Meditation konzentrieren: Was nun? Mit wem soll bzw. darf bzw. muss Michael sein Weihnachtsfest feiern? Wer hat mehr Anspruch auf ihn? Die erstgeborenen Kinder, die kleine Tochter? Wie den Kindern klarmachen, dass sie alle gleichermaßen wichtig sind für ihn, auch wenn Michael erst die einen und dann die anderen besucht? Schon nach ein paar kurzen Überlegungen wird klar, in welche Konflikte nicht nur Michael gerät, sondern alle Personen, die in unserer kleinen Geschichte vorkommen. Ganz zu schweigen von den Komplikationen, die sich ergeben, wenn wir die Eltern der jeweiligen Partner und deren Vorstellungen eines gelungenen Weihnachtsfestes auch noch berücksichtigen würden.

Doch auf eine Ursache für die stete Zunahme von Patchworkfamilien wollen wir doch hinweisen, weil sie für unser drittes Adventsfensterchen wichtig erscheint: Im Lauf der vergangenen Jahrzehnte sind wir in unseren persönlichen Entscheidungen immer freier geworden. Es ist nicht mehr an strengen Eltern, mächtigen Vorgesetzten oder politischen Autoritäten, uns zu sagen, was wir tun und lassen sollen. Vielmehr haben wir es selbst in der Hand, unser Schicksal zu bestimmen – nun gut, vielleicht nicht in allen Belangen, aber deutlich weitreichender als noch vor ein paar Jahrzehnten. So genießen wir auch deutlich mehr Freiheit in der Frage, wie wir unsere Beziehungen leben wollen, ob wir unsere Ehen zu retten versuchen oder neue Verbindungen eingehen wollen (anstatt uns ewig weiterzuquälen). Das war und ist ein großer Schritt in Richtung Selbstbestimmung und Emanzipation.

Aber alles hat seinen Preis. Denn so unangenehm und bevormundend Konventionen und Autoritäten auch sein konnten, hatten sie doch eine gewisse stabilisierende Wirkung auf uns. Wer sich beispielsweise davor fürchtete, eine Trennung könne auch weitreichende soziale Folgen haben, überlegte es sich sehr genau, ob er eine Ehe auflöste oder nicht (und entschied sich vielleicht aus ökonomischen Gründen dagegen). Wenn es freilich keinen (gesellschaftlichen) Unterschied macht, ob wir uns trennen oder nicht, fällt es den Beteiligten deutlich leichter, sich so – oder so zu entscheiden. Unsere Freiheit führt also dazu, dass unsere Beziehungen immer unverbindlicher und loser werden. Das Resultat sind oft kompliziert konstruierte Patchworkfamilien, in denen Konflikte und Kränkungen zu einem guten Teil nicht gelöst sind und mit denen wir in der Weihnachtszeit irgendwie umgehen müssen.

Was die Wochen um Weihnachten zusätzlich schwierig macht, ist ihre Eigenart, auf die wir bereits in unserem ersten Adventstürchen hingewiesen haben: Sie verschärfen Fragen und Probleme, die uns das Jahr über oft unbewusst beschäftigen und deren Lösung wir beständig vor uns herschieben. So auch in diesem Falle. Gerade Kindern wird das Fehlen eines Elternteils oder dessen phasenweise Abwesenheit in dieser Zeit besonders bewusst – und die vielleicht bereits überwunden geglaubten Kränkungen und Selbstzweifel wieder aktuell. Wir sollten also vor allem zu Weihnachten alles versuchen, unseren Kindern jede unnötige seelische Erschütterung zu ersparen. Aber davon ein wenig später mehr (wir gehen auf das Phänomen, dass wir uns zu Weihnachten oft besonders einsam fühlen, in Kapitel 16 genauer ein).

Doch wir müssen nicht unbedingt in einer Patchworkfamilie leben, um während der Weihnachtsfeiertage ratlos auszurufen: „Mit wem sollen wir bloß feiern?“ Es genügt schon, wenn wir in einer klassischen Familie leben – mit klassischen Eltern und klassischen Großeltern. Auch hier wird alljährlich die Frage nach dem Wohin umso dringlicher, je näher der 24.12. rückt. Zu den eigenen Eltern? Zu den Eltern des Lebensgefährten? Oder alle zu uns? Dass diese Frage immer schwerer zu klären ist, hat ebenfalls mit sozialen Veränderungen zu tun. Die Macht der älteren Generation schwindet zunehmend; während man sich vor 30 Jahren noch an den Vorgaben der Eltern orientiert hat, bestimmen zunehmend die Kinder, wie und wann gefeiert wird (und all den Rest gleich mit). Das bedeutet, dass die jungen Familien erst einmal bevorzugt allein Weihnachten feiern und erst dann die jeweiligen Eltern und Schwiegereltern bzw. Großeltern besuchen bzw. einladen. Verpflichtende und verlässliche Konventionen gibt es kaum mehr, jeder entscheidet nach eigenen Vorstellungen und je nach Situation.

Doch selbst wenn dem nicht so wäre (und alles in klassischer „Ordnung"), unterscheiden sich oft die Weihnachtstraditionen von Familie zu Familie, was wiederum zu der eingangs gestellten Frage führt, wo man denn nun wie mit wem feiern soll: Während der eine Clan sich seit Jahrzehnten am Stammsitz der Familie auf dem Land trifft, hat sich beim anderen die Gewohnheit herausgebildet, einmal beim Sohn und ein andermal bei der Tochter zu feiern und wieder ein andermal bei engen Freunden. Auch hier wird es notwendig sein, aufeinander zuzugehen, gemeinsam die Planung zu gestalten und Kompromisse zu schließen.

Und schließlich ist da noch so eine moderne Entwicklung, die das Projekt „Gemeinsam das Fest feiern" zusätzlich erschwert: die steigende Mobilität. Während Menschen früher meist in einer überschaubaren Gegend wohnten und arbeiteten, Familien gründeten und ihre Feste feierten, gehört es heute zur Grundausstattung eines modernen Menschen, mobil zu sein – und nötigenfalls in fremde Länder zu übersiedeln, um dort einen Job zu finden (und mit dem Job oft auch Frau / Mann, Kind und Christbaum). Müßig zu sagen, dass es schwierig ist, ein romantisches Weihnachtsfest zu feiern, wenn das Kind in Norddeutschland lebt, der Vater mit seiner zweiten Frau in der einen Ecke des Landes, die allein lebende Mutter in der anderen – und dazwischen noch ein paar Geschwister herumgeistern, die ebenfalls mobil und wenig sesshaft sind. Doch genug geklagt. Wir wollen hilfreich werden.

Ein paar Ratschläge

* Sie sind nicht allein!

Einen ersten Schritt, Probleme in den Griff zu bekommen, tun wir in dem Moment, wenn wir uns verdeutlichen, dass wir mit unseren Angelegenheiten nicht allein auf der Welt sind. So ist es zwar bedauerlich, lesen zu müssen, dass rund die Hälfte aller (österreichischen wie deutschen) Ehen wieder geschieden wird – zugleich aber zeigt uns die Zahl, dass es sich beim Scheitern der eigenen Ehe um kein vereinzelt-individuelles Schicksal handelt. Andere Eckwerte, die veranschaulichen, dass Familien heute deutlich wackeliger konstruiert sind als noch vor ein paar Jahrzehnten: Rund 21 Prozent der österreichischen Kinder wachsen mit einem Alleinerziehenden auf (meist den Müttern), rund 7 Prozent in einer Stieffamilie. Wir sind also nicht allein mit unseren Fragen und Gefühlen.

* Machen Sie sich klar, wo Sie stehen

Weil uns während der Adventszeit unsere Abhängigkeiten von der Familie besonders deutlich werden, sollten wir uns mit ihnen auseinandersetzen. Und versuchen herauszufinden, wo wir stehen. So könnten wir uns fragen: Habe ich schon gelernt, auf meine eigenen Bedürfnisse zu achten und diese wahrzunehmen? Schaffe ich es schon, sie auszusprechen, und zwar ohne ein schlechtes Gewissen zu bekommen? Wie viel Platz und Wichtigkeit darf ich mir selbst geben und zuschreiben? Neige ich dazu, Schuldgefühle zu entwickeln, und habe ich Angst, als Egoist zu gelten, wenn ich auf meinen Vorlieben beharre?

Das Ziel dieser Überlegungen sollte sein, selbstständiger zu werden, genauer zu wissen, was uns wichtig ist – und was weniger. In Familien und in Beziehungen muss das Grundrecht gelten, dass jeder seine eigene Meinung haben darf und auch mitteilen soll. Wenn wir den Eindruck gewinnen, dass wir unsere Vorlieben und Ansichten gefahrlos äußern können und sie auch gewürdigt werden, dann festigt das unser persönliches Wertgefühl; wir beginnen, uns in der eigenen Haut wohlzufühlen.

Das bedeutet nun freilich nicht, dass wir versuchen sollten, all unsere Bedürfnisse und Wünsche um jeden Preis durchzusetzen. Ganz im Gegenteil: Wer innere Sicherheit gewonnen hat, weil er weiß, wo er steht, und wer sich ganz grundsätzlich wohlfühlt, kann souveräner handeln – und Kompromisse eingehen. Es ist nicht mehr wichtig, wer zuerst besucht wird, wer als Erster die Geschenke bekommt, wer sie wann überreicht, kurz: Es ist nicht mehr so wichtig, wer das Geschehen dominiert. Im Vordergrund steht vielmehr das gute Gefühl, sehr genau zu wissen, wo man steht, und dass man selbst bestimmen kann, wie weit man geht, wann es genug ist und wann man den anderen des lieben Friedens willen den Vortritt lässt.

* Schließen Sie Kompromisse

Die Hauptleidtragenden der allermeisten Trennungen sind die Kinder. Sie sind das schwächste Glied in diesem System, weil sie an beiden Elternteilen hängen und das Ende der Familie als Auflösung ihrer gewohnten Welt empfinden; manche geben sich sogar selbst die Schuld an der Trennung ihrer Eltern und kämpfen daher mit einem paradoxen schlechten Gewissen. All das führt häufig dazu, dass Kinder sich nicht einfach ihrem Schicksal fügen, sondern retten wollen, was zu retten ist: Zuerst versuchen sie für gewöhnlich, beide Elternteile zu versöhnen; dann tun sie alles, um die Scheidung zu verhindern. Und wenn alle Bemühungen vergeblich waren, möchten sie wenigstens zu Weihnachten Papi und Mami vereint sehen, so wie es früher einmal war. Das sollten wir getrennt lebende Eltern bei allen Animositäten, bei allen Kränkungen stets bedenken. Und daher versuchen, lebbare Kompromisse mit dem anderen Elternteil zu schließen. Lassen Sie sich anstecken von den positiven Gefühlen Ihrer Kinder. Versuchen Sie diese zu leben und Hass und Rachegelüste zu überwinden. Wenn Sie hingegen dem Negativen treu bleiben, verlieren Sie Ihren Gestaltungsspielraum; es wird Ihnen ergehen wie einer Fliege auf dem Klebeband – während es doch gerade zu Weihnachten um positive Beziehungen gehen sollte.

* Sie treffen die Entscheidungen

So wichtig die Gefühle der Kinder von Patchworkfamilien sind und wie genau wir den Kleinen zuhören sollten, wenn es darum geht, wie und wo ein so wichtiges Fest wie Weihnachten gefeiert werden sollte – eines dürfen wir nicht: sie entscheiden lassen. Vor allem dann nicht, wenn ein gemeinsames Fest der getrennt lebenden Eltern nicht möglich ist. Denn entgegen der Annahme, damit besonders liberal bzw. sensibel zu sein, bringen wir unsere Kinder in Wahrheit in einen schweren Loyalitätskonflikt. Wer fragt: „Wo wollt ihr denn hin? Zu Mami oder Papi?“, fragt gleichzeitig (und ohne sich dessen vielleicht bewusst zu sein): „Wen habt ihr denn lieber? Wer ist euch denn wichtiger?“ Und keine Frage fürchten Trennungskinder mehr als diese, denn in den allermeisten Fällen gibt es darauf nur eine Antwort: „Beide!“ Es ist die (manchmal undankbare, manchmal lebensnotwendige) Pflicht von Eltern, solche Entscheidungen zu treffen – auch wenn sie von allen kritisiert werden (und kritisiert werden müssen, da es keinen Ausweg aus manchem Dilemma gibt). Sie müssen also billigend in Kauf nehmen, dass sie sich damit der Kritik der Kinder und der restlichen Familie aussetzen. Aber das ist kein hoher Preis verglichen mit den Konflikten, in die wir Kinder stürzen, wenn wir sie dieser Frage überlassen.

*** Feiern Sie mehrmals Weihnachten**

Wenn Weihnachten ein Fest der Perfektion sein soll, dann kann eine Patchworkfamilie kein glückliches Ereignis organisieren; Familien, die aus mehreren Teilen bestehen, sind von sich aus nicht perfekt. Aber weil es glücklicherweise ein Fest der Liebe und der Toleranz ist, stehen die Chancen deutlich besser, dass wir es auf eine Weise feiern können, die alle (einigermaßen) zufriedenstellt. Gefragt ist die Bereitschaft jedes einzelnen Beteiligten, jedes Erwachsenen, sich auf Kompromisse einzulassen. Einer könnte darin bestehen, einfach so oft mit den Kindern Weihnachten zu feiern, bis alle wichtigen Personen – die nicht zur selben Zeit an einem Ort sein können bzw. wollen – einmal dabei waren und ihre Geschenke überreicht haben bzw. bekommen haben. Das kann nur jemand unpassend finden, dem Prinzipien wichtiger sind als die Zufriedenheit der Menschen. Denn: Mindestens ebenso schwer, die Trennung ihrer Eltern zu akzeptieren, fällt es Kindern, einen faulen Frieden zu ertragen. Sie spüren jede Form der Unaufrichtigkeit. Und wir sollten ihnen das Geschenk machen, sie nicht damit zu belasten.

4.

„Vielleicht schaffen wir es ja dieses Jahr, Kekse zu backen!“

Über eine scheinbar nebensächliche Familientradition, die es ganz schön in sich hat.

Riechen Sie es? Diese feine Mischung aus Zimt und Kardamom, aus Orange und Vanille – oder nein, warten Sie, ist es nicht vielmehr Sternanis und Zitrone, Muskat und Piment? Wie dem auch sei, wir sind sicher, dass Sie ebenfalls von diesem schwebenden Duft erfüllt sind, so wie wir. Woher er stammt? Na, von den fröhlichen Menschen, die da mitten in Ihrer Küche stehen und ein ziemliches Durcheinander angerichtet haben. Aber sie scheinen zu wissen, was sie da tun: Während der eine vorsichtig Mehl mit Eiern und Butter vermengt und zu einem Teig knetet, reibt der andere Nüsse, während wieder ein anderer zwei Bleche mit Backpapier auslegt; zu ihren Füßen sitzen ein paar Kinder, die damit beschäftigt sind, eine Schüssel auszulecken, um den Mund die dunkle Schokomasse, ja, auch auf ihren T-Shirts klebt ein wenig davon. Aus dem Nebenzimmer dringt leise klassische Musik, wohl irgendetwas Barockes, aber da wir davon nicht so viel verstehen, wissen wir auch nicht zu sagen, von welchem Komponisten. Draußen wird es eben dämmrig und auf dem Sideboard stehen bereits ein paar große Teller mit – womit? Wir wissen es nicht, denn langsam entfernt sich die Szene, die Menschen werden kleiner und kleiner, bis wir wieder auftauchen im Hier und Jetzt mit dem kleinen Seufzer: „Vielleicht schaffen wir es ja dieses Jahr, Kekse zu backen!"

Bevor wir uns der Frage widmen, wie wir das am besten hinbekommen, sollten wir uns noch kurz einem möglichen Einwand zuwenden. Er lautet: „Wozu selbst backen? Kekse kann man kaufen – so sparen wir Zeit und können stattdessen Wichtigeres tun." Wir wollen niemandem vorschreiben, was er für wichtig und was er für unwichtig zu halten hat. Aber es gibt einige gute Gründe, sich der scheinbaren Nebensächlichkeit Keksebacken zuzuwenden. Der wohl wichtigste lässt sich mit dem Stichwort „Entschleunigung" überschreiben. Wie wir bereits im ersten Adventstürchen zu zeigen versucht haben, neigen wir dazu, uns vor allem in den Wochen um den 24. Dezember besonders viel vorzunehmen und uns dadurch zu stressen. Keksebacken ist ein ganz ausgezeichnetes Gegenmittel – vorausgesetzt, Sie versuchen nicht, diesen Programmpunkt auch noch irgendwie in Ihren übervollen Terminkalender zu quetschen. Vielmehr sollten Sie das Keksebacken *anstatt* hektischer Betriebsamkeit planen, um ein wenig Ruhe und Besinnung in Ihren Alltag zu bekommen. Mit dem Keksebacken entziehen wir uns dem Trubel der Vorweihnachtszeit und konzentrieren uns auf eine schöne Arbeit. Auf den Duft und auf den Genuss der ersten gelungenen Kekse. Handy aus. Computer aus. Schon kann es losgehen.

Ein weiterer Grund für das Keksebacken besteht darin, dass wir einige wunderbare Dinge miteinander kombinieren können: Wir stehen gemeinsam mit anderen in der Küche, die Ärmel aufgekrempelt, die Hände voller Teig, auf der Nasenspitze ein wenig Mehl, und tun etwas, das ebenso einfach wie sinnvoll ist: Zutaten zusammenstellen, neue Rezepte ausprobieren, kosten, riechen, reden, ein wenig streiten, essen, blödeln, trinken. Ein wunderbares Gegenprogramm zu den Aufgaben, die wir das Jahr über im Job und im Alltag erledigen müssen: Geistloses, Abstraktes, Befohlenes – das wir meist allein oder gemeinsam mit Kollegen tun, die wir uns nicht aussuchen durften (was nicht bedeutet, dass sie uns nicht sympathisch wären, aber es ist etwas anderes, mit Kollegen zusammenzuarbeiten als mit den eigenen Leuten). Beim Keksebacken hingegen (wie beim Kochen ganz allgemein) sind wir mit unseren Liebsten zusammen. Wir schenken einander unsere Zeit, unsere Aufmerksamkeit, unsere Anwesenheit. In der beschleunigten Zeit, in der wir leben, ganz besonders wertvolle Güter.

Wenn wir den Statistiken glauben dürfen, dann beschränkt sich die gemeinsame Zeit von Eltern und Kindern an Werktagen auf die gemeinsamen Mahlzeiten, bei denen sie sich durchschnittlich 40 Minuten sehen. An zweiter Stelle folgt das gemeinsame Fernsehen, das vor allem abends stattfindet – von der Statistik ebenfalls den Familienaktivitäten zugerechnet. Eine Sichtweise, die uns zumindest debattierenswert erscheint. Außer Zweifel steht jedoch, dass gemeinsames Auf-der-Couch-Sitzen nicht ganz so kreativ ist wie das angesprochene Keksebacken. Nur um Missverständnisse auszuschließen: Wir haben prinzipiell nichts gegen Familienfernsehabende einzuwenden, sie können überaus unterhaltsam sein; nur als Dauerprogramm erscheinen sie uns ein wenig, wie sollen wir sagen, verbesserungswürdig.

Und noch einen Grund gibt es, ein kleines Loblied auf das Backen und das Kochen zu singen: Die beiden Tätigkeiten stellen eine einfache Möglichkeit dar, Teil einer familiären Tradition zu werden, deren Kraft zu spüren und sie ein klein wenig weiterzutragen. Wer seinen Großeltern beim Erledigen alltäglicher Dinge zusieht (oder liebevoll an sie zurückdenkt), wird bemerken, wie sehr wir Menschen daran gewöhnt sind, uns an Traditionen zu orientieren und sie am Leben zu erhalten. Wer wenn nicht wir sollte ihr Erbe weitergeben? Und womit ließe sich diese Verbindung einfacher und fröhlicher knüpfen als durch eine einfache Tradition wie das weihnachtliche Keksebacken (und durch zig andere Dinge auch, selbstverständlich)?

Ein paar Ratschläge

*** Bleiben Sie in der Gegenwart**

Wenn wir von Tradition und von lieb gewonnenen Familiengewohnheiten sprechen, dann besteht die Gefahr, dass wir es ein wenig übertreiben – und uns zu sehr an der Vergangenheit orientieren. Das ist verständlich und liebenswert, aber vor allem für Kinder und Jugendliche mitunter ein wenig anstrengend. Wir werden im nächsten Adventstürchen (Nummer 5) genauer darauf eingehen, dass unser Gehirn die Eigenart hat, Erinnerungen zu verfälschen und zu schönen. Das tut es auch, wenn wir an die Nachmittage zurückdenken, an denen wir als Kinder mit Eltern und Großeltern das Fest vorbereitet, Kekse gebacken, beim Kochen geholfen haben. Diese Nachmittage dürften, so unsere Vermutung, durchaus prosaisch abgelaufen sein. Heute freilich erscheinen sie uns als Inbegriff seliger Kindertage, als Idealbild familiärer Traditionen, die es zu bewahren gilt.

Das ist in Ordnung so, wir sollten sie nur nicht zum Maßstab einer gelungenen Vorweihnachtszeit machen, denn verglichen mit unseren idealisierten Erinnerungen müssen alle heutigen Bemühungen enttäuschend wirken. Das geht gar nicht anders. Das bedeutet nun freilich nicht, alle Bemühungen fahren zu lassen; wir plädieren bloß für ein wenig mehr Realismus. Der hat den angenehmen Nebeneffekt, dass schon ganz normale familiäre Keksebacknachmittage zu einer beglückenden Sache werden können. Und dass wir nicht darauf bestehen, dass alles genau so zu geschehen hat wie damals „in der guten alten Zeit". Wir sollten nicht vergessen, dass es darum geht, eine gute, innige, stimmungsvolle Zeit mit den Liebsten zu verbringen. Und nicht darum, möglichst effektiv und erfolgreich irgendwelche Keks-Herausforderungen abzuarbeiten.

* Holen Sie sich Hilfe bei jungen Wilden

Zugegeben, Kekse haben kein wirklich cooles Image. Während Freunde der Tradition das durchaus zu schätzen wissen, reagieren jüngere Menschen darauf eher zurückhaltend. Das ist der Moment, in dem wir uns der Hilfe junger wilder Köche bedienen sollten – die zum Teil gar nicht mehr jung und wild sind (sondern mittlerweile in der Mitte der Kochgesellschaft angekommen). Sie genießen den Ruf, modern und lässig zu sein, veröffentlichen aber durchaus klassische Rezepte, die sie ein wenig variieren und moderner machen. Wer diese Rezepte beherzigt und beispielsweise Jamie Olivers Schokokekse nachbäckt, kann damit jeden Großeltern-Test bestehen, für die jugendlichen Keksbäcker legitimiert durch die einnehmende Person des Kochs. Eine andere Person, die diese zweifache Aufgabe (Großeltern beeindrucken – junge Menschen für sich einnehmen) perfekt beherrscht, ist beispielsweise Sam Stern. Aber es gibt noch jede Menge anderer junger Köche, an denen Sie sich orientieren können, denn wie gesagt: Das gemeinsame Tun steht im Vordergrund.

* Schonen Sie die Umwelt

Wenn Sie noch einen Schritt weiter gehen wollen, können Sie auch einen Weg finden, die Lust am gemeinsamen Tun mit einem kleinen Beitrag zum Umweltschutz zu verbinden. So könnten Sie beispielsweise Weihnachtssäckchen schneidern, sie bemalen oder bedrucken, und zwar gemeinsam mit den anderen. Mit dem Nebeneffekt, dass Sie eine persönliche Verpackung für einige Weihnachtsgeschenke gefunden haben und damit einiges an Geschenkpapier einsparen können. Sie können die Weihnachtssäckchen aufheben und im nächsten Jahr wiederverwenden und gleichzeitig ein neues Ritual anbahnen: Das mühevolle Lesen der Geschenkkärtchen kann entfallen, weil jeder Beschenkte seine Präsente gleich erkennt, etwa an einer speziellen Farbe des Saumes.

*** Wie wäre es mit Kokos-Makronen?**

Ja? Gerne! Wir haben hier ein ganz ausgezeichnetes und vor allem einfaches Rezept für Sie. Es stammt aus dem wunderbaren Kochmagazin „Effilee“ und findet sich auf dessen Homepage www.effilee.de.

Zutaten:

- 20 g Honig
- 200 g Zucker
- 7 Eiklar
- 200 g frische Kokosnuss (wahlweise Kokosflocken)
- Oblaten

Zubereitung
Die Kokosnuss knacken und das Fruchtfleisch raspeln. Honig, Zucker und Eiklar verrühren und langsam erhitzen, bis sich der Zucker vollständig auflöst. Jetzt die Temperatur erhöhen und die Kokosflocken unter ständigem Rühren untermengen. Die Masse anschließend auf Zimmertemperatur abkühlen lassen.

Die Oblaten auf einem mit Backpapier ausgelegten Backblech verteilen. Mit einem Spritzbeutel die Masse auf die Oblaten geben. Für das typische Aussehen ist, bei einer feinkörnigen Masse, eine große Sterntülle zu verwenden. Im vorgeheizten Backofen (je nach Art/Qualität) 150–175 Grad, je nach gewünschtem Bräunungsgrad, für 10–13 Minuten backen.

5.

„Ich bekomme zu Weihnachten doch nur die übliche Krawatte oder irgendein beliebiges Parfum!“

Über die Kunst herauszufinden, was wir uns wünschen und es die anderen auch wissen zu lassen.

Vom Berliner Cartoonisten Peter Thulke gibt es eine Zeichnung, die auf besonders böse (und lustige) Weise zeigt, mit welchen Gefahren das Weihnachtsfest verbunden sein kann. Diese Zeichnung zeigt eine Frau, die auf einem Stuhl sitzt. Vor ihr steht ein Mann und lacht sie triumphierend aus. Der Grund: Er hat sie mit acht Krawatten gefesselt – offensichtlich aus Rache, weil er sie von ihr zum Weihnachtsfest geschenkt bekommen hat.

Ach ja, diese unseligen Krawatten, die wir Männer jedes Jahr von Neuem bekommen! Und diese unzähligen Liter an Parfum, die wir den Frauen im Gegenzug überreichen: Warum tun wir das einander an? Wie kann es jedes Jahr so weit kommen?

Bevor wir uns auf die Suche nach den Ursachen dafür begeben, sollten wir einen Blick auf die Statistik werfen. Stimmt denn das mit den ungeliebten Geschenken überhaupt? Ist das nicht bloß so ein Gefühl? Nein, es entspricht offensichtlich der allgemeinen Lage. Das legt zumindest eine Umfrage nahe, die unter mehr als eintausend Menschen durchgeführt wurde, und zwar im Auftrag der Quelle AG. Ihr Ergebnis: Männer wünschen sich am häufigsten Technik- und Elektrogeräte (34,4 Prozent), bekommen sie aber von ihren Partnerinnen nur zu 24,7 Prozent. Genau umgekehrt verhält es sich mit Bekleidung (unter der wir die ungeliebten Krawatten vermuten): Während sich Männer nur zu 17,5 Prozent etwas zum Anziehen wünschen, schenken ihnen ihre Frauen zu 26,5 Prozent genau das.

Nicht anders ergeht es den Frauen. Auch sie bekommen, was sie sich nicht wünschen, und wünschen sich Dinge, die sie nicht bekommen. So wollen sie nur zu 27,5 Prozent Parfum, erhalten es von ihren Partnern aber zu 33,8 Prozent geschenkt. Genau umgekehrt verhält es sich bei Gutscheinen, dem zweithäufigsten Wunsch von Frauen: zu 27,1 Prozent gewünscht, zu 22,9 Prozent erfüllt.

Suchen wir nach Gegenständen, bei denen sich das Wünschen und das Bekommen einigermaßen die Waage halten, bei denen wir also von einem willkommenen Geschenk sprechen können, so gibt es da nicht viele aufzuzählen: Frauen erhalten ungefähr so häufig Haushalts- bzw. Spielwaren, wie sie sich diese wünschen (beides sind, weiter nicht verwunderlich, selten ersehnte Dinge); und Männerwünsche werden nur im Wäsche- und Deko-Artikel-Bereich ebenso häufig erfüllt, wie sie gehegt werden.

Soweit die Fakten. Nun zu den Gründen, wie es zu diesen Missverhältnissen kommen kann. Sie lassen sich in zwei große Gruppen teilen. Die erste können wir mit dem Titel „Die anderen sind schuld!" überschreiben und die zweite mit „Selbst schuld!". Weil es einfacher ist, erst mal den anderen ihre Fehler vorzuhalten, wollen wir auch genau damit beginnen – aber machen Sie sich keine Hoffnung! Es wird sich noch herausstellen, dass wir unseren Anteil an dem kleinen Durcheinander haben.

Die anderen sind schuld!

Eine der häufigsten Ursachen, dass wir zu Weihnachten ein Paket öffnen und auf eine – erraten – Krawatte starren, die noch dazu mit tanzenden Mickey-Mäusen bzw. lustig springenden Delphinen bedruckt ist, liegt darin, dass der Schenkende keine Ahnung hatte, wie er sich aus der Verlegenheit ziehen sollte. Dabei handelt es sich meist um Tanten und Cousins, Großonkel und Schwiegereltern. Sie leben in anderen Städten oder Ländern, begegnen uns einmal pro Jahr und haben auch sonst keine Ahnung, was uns gerade beschäftigt, wofür wir uns seit Kurzem begeistern.

Wer vom Alltag eines anderen nichts weiß, der weiß auch nicht, was er ihm schenken soll. So kommt es, dass diese Menschen in Buchhandlungen oder Bekleidungsgeschäfte gehen und kaufen, was all die anderen kaufen, die ebenfalls nicht wissen, was sie ihren entfernten Verwandten schenken sollen. Die Krawatte und das Parfum, die wir von solchen Leuten bekommen, sind ein einfaches Zeichen: „Ich kenne dich nicht. Daher schenke ich dir irgendetwas." Wenn wir sehr großes Pech haben, verleitet ihre Ahnungslosigkeit diese Menschen dazu, uns kleine, aus Plastik gegossene Zwerge mit roten Zipfelmützen zu schicken. Wenn wir Glück haben, ist die Krawatte sogar irgendwie brauchbar und wir können sie an einem ganz normalen Arbeitstag umhängen, um sie dann „zufällig" irgendwo liegen zu lassen.

Schon etwas schwerer zu verstehen sind jene Menschen, die es eigentlich besser wissen müssten, weil sie uns kennen, zumindest manchmal an unserem Alltag teilhaben – und die dennoch zum Standardgeschenk greifen. Ein möglicher Grund dafür ist deren Unfähigkeit oder auch deren Unwille, sich in andere einzufühlen. Die Psychologie nennt diese Fähigkeit „Empathie" – und sie ist für das menschliche Zusammenleben von großer Wichtigkeit. Denn um mit anderen gut auszukommen, sie verstehen, trösten, mitreißen oder lieben zu können, müssen wir dazu in der Lage sein, die Welt mit ihren Augen zu sehen. Uns in sie hineinzufühlen. Zu erkennen, was ihnen wichtig ist, was teuer, was gleichgültig – und was sie sich wünschen. Wer das nicht kann oder nicht will, der wird auf Mutmaßungen angewiesen bleiben. Oder der wird einfach verschenken, was ihm selbst wertvoll erscheint – ohne Rücksicht auf die Besonderheiten des anderen.

Erfahrungsgemäß neigen viele ältere Menschen dazu, den anderen weniger das zu schenken, was die sich wünschen, als vielmehr Dinge, die sie selbst für wert- und sinnvoll halten. So kommt es, dass Kinder erwartungsfroh ein Päckchen von Opa auspacken – und anstatt das neue Lego-Star-Wars-Raumschiff in Händen zu halten, das sie sich sooo gewünscht hatten, starren sie enttäuscht auf ein Lexikon über Bauwerke des Mittelalters. Nichts gegen Lexika über Bauwerke des Mittelalters – aber zu Weihnachten? Für elfjährige Kinder? Die seit Wochen von nichts anderem träumen als von „Darth Vader's Tie Fighter"? Untersuchungen haben gezeigt, dass vor allem Männer damit Schwierigkeiten haben, sich in andere hineinzufühlen – Frauen haben da (aus welchen Gründen auch immer) mehr Spürsinn. Sollten Sie also ein Mann sein und sich den Kopf zermartern, was Sie den anderen schenken könnten – seien Sie getröstet, es geht nicht nur Ihnen so (was schon mal ein erster Schritt zur Besserung der Lage ist – doch davon später mehr).

Je näher uns die Menschen stehen, die uns beschenken, umso wichtiger wird es, was in deren Päckchen steckt. Und umso größer ihre Chance, uns zu enttäuschen (aber auch: uns eine wirkliche Freude zu machen!). Denn von unseren Liebsten erwarten wir zu Recht, dass sie unsere Gefühle verstehen, sie ergründen, unsere feinen Andeutungen lesen, die wir ihnen geben.

Kurzer Zwischenruf

Anderen die Schuld an unseren Problemen und unseren Enttäuschungen zu geben, ist erst einmal eine feine Sache! Wir können ja nichts dafür. Wir sind das Opfer anderer. Man sollte also Mitleid mit uns haben. Und wer uns das versagt, ist herzlos. All das ist richtig – aber nur halb. Denn in der Vorstellung, dass wir nur deshalb nie bekommen, was wir uns wünschen, weil die anderen zu blöd, zu unsensibel oder einfach zu faul sind – in dieser Vorstellung schwingt die Überzeugung mit, dass wir keine Chance haben, etwas zu ändern. Und genau das stimmt nicht. Denn wir können etwas machen. Sehr oft. Selbst in jenen Fällen, in denen nicht der geringste Zweifel daran besteht, dass die anderen die Bösen und wir die unschuldigen Opfer sind.

Um dahinterzukommen, wie das gehen könnte, sollten wir einen kurzen Blick darauf werfen, wie unsere Wünsche entstehen. Was sie für uns bedeuten. Wozu das Wünschen gut ist. Und wie wir mit ihnen umgehen können.

Über das Wünschen

Es gibt eigentlich keine Phase unseres Lebens, in der wir uns nicht etwas wünschen würden. Wir nennen es vielleicht nicht immer so (sondern manchmal „begehren", „wollen", „ersehnen", „erhoffen" oder „fordern") – aber im Kern geht es immer um dasselbe: Wir wollen etwas bekommen, was wir nicht haben, und hoffen, dass es bald so weit ist. Das können Dinge sein (Lego-Star-Wars-Raumschiffe, ein neues Auto, eine neue Küche, manchmal sogar eine neue Krawatte bzw. ein anderes Parfum), aber auch etwas so Großes wie Glück, eine innige Beziehung, ein neuer Job, mehr Macht, volles Haupthaar oder ein durchtrainierter Körper.

Worin unsere konkreten Wünsche auch immer bestehen mögen – sie haben die Eigenart, uns zu motivieren. Uns mehr anzustrengen, länger zu arbeiten, den begehrten Menschen zu umwerben, Geld für eine neue Krawatte bzw. ein neues Auto zu sparen. Das heißt: Unsere Wünsche treiben uns voran, sie motivieren uns zu allen möglichen Anstrengungen, mit unserem Leben weiterzumachen. Das ist gut so. Andernfalls würden wir damit aufhören, uns zu bewegen, aus dem Haus zu gehen, uns zu bemühen, Neues zu erreichen, uns fortzuentwickeln. Mit einem Wort: Unsere Eigenart, Wünsche zu produzieren, ist überaus wichtig. Und Weihnachten ist ein Fest, das uns immer wieder an diese Fähigkeit erinnert, sie weckt und anstachelt.

Selbst schuld!

Warum sollten wir also selbst schuld sein, wenn man glaubt, unsere hochfliegenden Wünsche durch Krawatten und Parfums erfüllen zu können? Dafür gibt es mehrere Gründe. Der wichtigste: Wir glauben oft nur zu wissen, was wir uns wünschen – während tief in unserem Herzen die wahren Wünsche schlummern. Das klingt erst einmal etwas seltsam, denn wer wüsste besser als wir selbst, was wir erhoffen? Was wir besitzen wollen? Was wir noch erreichen wollen?

Die reichhaltige Erfahrung der Psychologen zeigt aber, dass das leider nicht so ist. Wir glauben beispielsweise, ein neues Auto wäre die Erfüllung unserer Träume, und müssen dann feststellen, dass es uns schon nach ein paar Wochen ziemlich kalt lässt. Wir sparen für eine Traumreise, die wir dann in vollen Zügen genießen, nur um uns – zurückgekehrt in den Alltag – rasch zu fragen: „Das soll alles gewesen sein?" Das heißt: Wir machen uns mitunter ein falsches Bild davon, was wir uns wirklich wünschen bzw. welche Geschenke uns fröhlicher machen. Und da soll es anderen gelingen, das richtige Geschenk für uns zu finden? Das ist, wir müssen es zugeben, ein wenig zu viel verlangt.

Ein bisschen sind natürlich wieder die anderen daran schuld, dass wir Probleme damit haben, unsere wahren Wünsche zu entdecken. Denn bekanntlich gibt es eine gigantische Industrie namens „Werbung", die sich darauf spezialisiert hat, Wünsche in uns zu wecken, die wir nicht kannten und die daher vielleicht gar nicht echt sind. Die Werbeindustrie bemüht sich außerdem darum, unsere Wünsche in ihrem Sinne zu lenken, damit wir bestimmte Dinge von bestimmten Firmen kaufen – und das in einem Moment, der diesen Firmen gefällt. Dafür entwickelt die PR – auch mit Hilfe der Psychologie – immer ausgefeiltere Methoden: Sie untersucht jede unserer Bewegungen im Internet, sie studiert die Eigenheiten unseres Gehirns, sie befragt tausende Menschen nach ihren Vorlieben. Kein Wunder also, dass wir mit unseren Wünschen oft weniger dem eigenen Antrieb folgen als den Strategien großer Firmen, die uns ihr Zeug verkaufen wollen. Und kein Wunder, dass Kinder zu Weihnachten endlos lange Wunschlisten präsentieren, auf denen im Grunde steht: „Kauft mir alles!" Es sind oft weniger ihre eigenen Wünsche, die wir da finden. Vielmehr sind diese Wunschlisten dadurch entstanden, dass wir unsere Kinder ein wenig zu viel fernsehen lassen und sie beim Betrachten der Werbeclips ganz einfach aufschreiben, was man ihnen da anpreist.

Weil wir also nicht genau zu sagen wissen, was wir uns wirklich wünschen, tun wir uns schwer damit, es unseren Liebsten zu sagen (oder den Tanten, die uns fragen). Obwohl uns der Kopf voller Wünsche schwirrt, ahnen wir oft, dass das Richtige nicht darunter bzw. schwer zu finden ist in dem Durcheinander. Und schweigen daher lieber. Oder sagen etwas Beliebiges. Kein Wunder also, dass wir dann mit Geschenken konfrontiert werden, die uns nicht gefallen – obwohl wir es selbst waren, die sie den anderen vielleicht nicht genannt, aber zumindest nahegelegt haben.

Ein weiterer Grund für Enttäuschungen unter dem Weihnachtsbaum sind unsere Erwartungen – ein Hinweis, der in unserem Adventskalender an vielen Stellen auftaucht und den wir hier nur der Vollständigkeit halber aufführen: Je mehr wir uns erwarten, je konkreter unsere Vorstellungen eines wirklich tollen Geschenks sind, umso größer ist die Gefahr, dass wir enttäuscht werden. Besser, wir reduzieren sie.

Ein paar Ratschläge

Was also tun, um endlich einmal krawatten- bzw. parfumlose Weihnachten zu erreichen? Oder um endlich die *richtige* Krawatte und das *passende* Parfum zu erhalten?

*** Kramen Sie einmal in Ihren Wünschen**

Machen Sie (in sicherer Distanz zum Weihnachtsfest), was auch Geschäfte einmal im Jahr tun: Inventur. Gehen Sie also an einem ruhigen Abend Ihre Wünsche durch und schreiben Sie alle auf. Was kommt. Ohne Rücksicht darauf, ob sie erfüllbar, erwachsen genug oder alltagstauglich sind. Nur wer sich erst einmal einen Überblick darüber verschafft, was er in den Abstellkammern der eigenen Wunschproduktion herumstehen hat, kann erkennen, woran er ist.

*** Sichten Sie Ihre Wünsche**

Nehmen Sie Ihre Liste, gehen Sie sie durch und versuchen Sie Ihre Wünsche zu ordnen. Nach Erfüllbarkeit. Nach Dringlichkeit. Nach Farben – wonach auch immer. Ziel dieser kleinen Übung sollte es sein, ein Gefühl für Ihre echten Wünsche zu bekommen; für die Wünsche, die Ihnen andere erfüllen können; und für jene, für die Sie selbst zuständig sind. Es hat beispielsweise wenig Sinn, sich von Ihrer Tante einen besseren Job zu wünschen … aber wer weiß, vielleicht kennt sie jemanden, der jemanden kennt? Es ist anzunehmen, dass Tantchen durch einen derartigen Wunsch geehrt sein dürfte, kann sie doch zeigen, wozu sie in der Lage ist. Aber häufiger dürften Sie bei Dingen wie einem neuen digitalen Fotoapparat landen, den Sie schon lange im Auge haben, aber sich nicht leisten wollen. Aber wer weiß.

* Erzählen Sie anderen von Ihren Wünschen

Oder schreiben Sie sie auf. Für Kinder gibt es ja diesen wunderbaren Brauch, Wunschzettel zu schreiben. Wer sagt, dass Sie als Erwachsener keine schreiben dürfen? Machen Sie es! Sie müssen sie ja nicht weitergeben. Verstecken Sie sie an einem geheimen Ort und sehen Sie immer wieder mal drauf. Aktualisieren Sie ihn. Erweitern Sie ihn. Nehmen Sie ihn zur Grundlage, Ihrer Familie, Ihren Freunden mitzuteilen, was Sie sich diese Weihnachten wünschen. Was sie Ihnen vielleicht gemeinsam schenken können. Wer weiß – vielleicht finden so Freunde zueinander, die sich ihrerseits wünschen, neue Freunde zu finden und schon haben Sie, ohne es beabsichtigt zu haben, anderen einen Herzenswunsch erfüllt. Nur weil Sie den anderen genau gesagt haben, was Sie sich wünschen.

* Weichen Sie ins Internet aus

Wenn es sein muss und Sie einen Hang zu solchen Dingen haben, können Sie Ihre Wunschlisten auch bei großen Internethändlern hinterlegen. Das bieten mittlerweile die meisten an. Aber so richtig glücklich sind wir mit dieser Empfehlung nicht. Sie laufen Gefahr, dass Sie sich genau jenen Firmen ausliefern, die Ihnen Zeug verkaufen wollen, das Sie sich nicht wirklich wünschen. Also nur in Ausnahmefällen beherzigen.

* Wünschen Sie sich nichts allzu Großes

Nein, wir wollen nun keine falsche Bescheidenheit predigen. Es gehört zum Leben dazu, dass wir es uns gut gehen lassen (solange es sozial, finanziell und ökologisch vertretbar ist). Aber! In vielen Untersuchungen hat sich gezeigt, dass uns die Erfüllung großer Wünsche nur kurzfristig glücklich macht, wir anschließend aber genauso wenig zufrieden sind wie zuvor. Von der Weltreise haben wir genau sechs Wochen etwas (die drei Wochen der Reise und die drei Wochen danach – dann verblasst die Erinnerung wieder). Genauso verhält es sich mit Traumhochzeiten, Traumautos und Traumwirwissennichtwas. Viel glücklicher machen Sie kleine Freuden, die sich möglichst jeden zweiten Tag einstellen. Ein nettes Abendessen mit Freunden zum Beispiel. Eine kleine Aufmerksamkeit in Form eines Blumenstraußes (oder einer seltenen DVD) und so fort. Wünschen Sie sich also besser eine ganze Menge solcher kleinen Dinge zu Weihnachten und versuchen Sie deren Erfüllung über möglichst lange Zeit auszudehnen. Das garantiert, dass Sie an Ihrem Weihnachtsgeschenk noch lange Freude haben. Idealerweise bis zum nächsten Weihnachtsfest.

6.

„Da gibt es doch bloß wieder Krach in der Familie!"

Warum der naheliegende Wunsch, die Liebsten am 24.12. an einem Ort zu versammeln, nicht ganz so einfach zu verwirklichen ist, wie wir annehmen – und wie er sich dennoch realisieren lassen könnte.

Als wir begannen, über das Thema dieses Adventsfensterchens zu sprechen, rief Manfred Stelzig freudig aus: „Allein für dieses Kapitel zahlt es sich schon aus, das Buch zu schreiben!" Um gleich darauf folgende Geschichte zu erzählen. Stephan, so der Name unseres diesmaligen Hauptdarstellers, ist mit seinen Schwiegereltern nicht ganz glücklich. Genau genommen hat er ein ziemlich schlechtes Verhältnis zu ihnen. Um das verstehen zu können, muss man wissen, dass Stephan der Sohn einfacher Leute ist. Er hat sich zwar aus eigener Kraft nach oben gekämpft und arbeitet heute als leitender Angestellter eines mittelständischen Unternehmens, aber er zählt immer noch nicht zu den Großverdienern. Das Einkommen reicht für ein gutbürgerliches Leben in einer großen Mietwohnung, aber mehr ist nicht drin. Seine Schwiegereltern hingegen sind vermögend, ausgestattet mit größeren Erbschaften und der Fähigkeit, das ohnehin schon reichlich vorhandene Geld noch zu mehren, trotz Internetblase und Bankencrash und Waswissenwirnochalles.

Das wäre alles kein wirklich großes Problem für Stephan, wenn die Schwiegereltern ihn nicht hartnäckig verdächtigten, ihre einzige Tochter bloß wegen – erraten – deren strahlend grüner Augen und des zu erwartenden Erbes geheiratet zu haben. Wann immer die beiden Stephan treffen, sticheln sie und tarnen das auch noch als Witzchen; wenn Stephan genug davon hat und sich diese Unfreundlichkeiten verbittet, bekommt er zu allem Überfluss auch noch zu hören, er solle nicht so empfindlich sein, er sei wohl völlig humorlos. „Kein Wunder, bei deinem Background!" Das sitzt. Und zwar bis heute. Und Carla, seine Frau? Die liebt – wie könnte es anders sein – ihre Eltern und sucht deren Nähe, auch wenn sie einräumt, dass deren Sprüche, Stephan betreffend, überflüssig sind und sie es lieber sehen würde, wenn sie die Sticheleien bleiben ließen. Aber, stellt Carla fest: „Ich habe nur diese Eltern!" Das leuchtet Stephan auch ein, aber dann auch wieder nicht mehr. „Außerdem will ich, dass die Kinder mit ihren Großeltern zusammen sind."

Da steht Stephan also, hin- und hergerissen zwischen seinem Groll und seinem Verständnis für Carlas Zuneigung zu ihren Eltern. Unangenehm, aber so schlimm nun auch wieder nicht. Stephan geht den Schwiegereltern einfach möglichst oft aus dem Weg und vermeidet im Übrigen alle Situationen, in denen sie ihm irgendetwas Böses sagen könnten. Das hat nun viele Jahre ganz gut funktioniert, mit ein paar unrühmlichen Ausnahmen, aber – geschenkt.

Bis er anlässlich des letzten Weihnachtsfestes weich geworden ist und sich von Carla hat überreden lassen, die beiden einzuladen. „Wer weiß", hat Carla damals zu ihm gesagt, „wie lange ich sie noch habe!" Und: „Du wirst sehen: Weihnachten war immer wunderbar und wird es auch dieses Jahr sein!" Sagte es und rief ihre Eltern an, um sie für den 24.12. einzuladen. Mit dem Ergebnis, dass es am Weihnachtsabend beinahe zum Eklat gekommen wäre, stand doch Stephan kurz davor, die Eltern seiner Frau aus der Wohnung zu werfen. Wir wollen uns einen genaueren Blick auf das Desaster ersparen – es mag die Feststellung genügen, dass alle Beteiligten verbittert und vor Zorn bebend um den Tisch saßen und sich fragten, warum sie sich auf diesen Unsinn eingelassen hatten.

Die Antwort darauf ist naheliegend. Weihnachten, so haben wir bereits festgestellt und werden es noch ein paar Mal tun, bringt uns dazu, alles Mögliche zu idealisieren, begonnen bei den eigenen Kindheitserinnerungen bis hin zur Familie. Je näher der 24. Dezember rückt, umso fröhlicher sehen wir uns im Kreise unserer Familie sitzen, inklusive Eltern und weiterer Verwandter, innig miteinander verbunden – und vor allem friedlich und harmonisch. Weihnachten, so unsere (meist unbewusst bleibende) Annahme, werde uns umhüllen und erfüllen mit den lautersten Gefühlen.

Nicht, dass Sie uns missverstehen: Diese idealisierten Vorstellungen sind wunderbar und berechtigt, zeigen sie uns doch einen Zustand, den zu erreichen wir mit aller Kraft versuchen sollten. Das Problem besteht darin, dass Ideale immer eine Kehrseite haben und dass ihre positiven Kräfte schnell umschlagen können. Wenn wir nämlich die Realität mit unseren Idealen vergleichen, müssen wir in den allermeisten Fällen feststellen, dass die beiden sehr weit voneinander entfernt sind. Stephan beispielsweise glaubte, der weihnachtliche Frieden werde ihn aus dem Dilemma zwischen seinen Gefühlen und den Wünschen seiner Frau Carla befreien können. Nur um dann umso verbitterter feststellen zu müssen, dass er dieses Ideal nie erreichen würde. Warum sollten seine Schwiegereltern auch jemals aufhören, ihn der Geldgier zu verdächtigen? Wie sollte er beweisen, dass er etwas *nicht* ist? Eben!

Doch noch einen unerwünschten Nebeneffekt können Ideale haben: Sie verführen uns mitunter dazu, uns auf solche Unternehmungen einzulassen, bei denen wir scheitern *müssen*. So verführt uns das idealisierte Bild von Weihnachten dazu, die ganze Familie einzuladen, ungeachtet der schwelenden Konflikte und der unausgesprochenen Probleme; so lässt uns die irreale Hoffnung, das Christkind, der Weihnachtsmann oder der liebe Gott würde unsere Probleme und Konflikte zum Verschwinden bringen, blind ins Verhängnis laufen. Besser, wir hätten ... aber davon gleich mehr. Zuvor noch kurz die Erklärung, warum selbst wir Erwachsene so naiv sein können, an Wunder zu glauben: Zu hoffen, am 24. würden sich schwelende Konflikte lösen, ist nämlich sehr kindlich, zweifellos. Aber wer sagt, dass wir Erwachsene davor gefeit sind? Der Mythos Weihnachten ist nämlich sehr mächtig und durchaus dazu angetan, kindliche Gefühle in uns zu (re)aktivieren: Wir staunen wegen der vielen Lichter der geschmückten Innenstädte, wir lassen uns vom Duft der Maroni betören und von stimmungsvollen Streichquartetten in unserem Innersten einlullen. Von dieser Reise zurück in unsere frühen Entwicklungsphasen ist es nur mehr ein kleiner Schritt zur kindlichen Hoffnung, diesmal werde alles, wirklich *alles* gut. Ein verständlicher, aber wenig realistischer Wunsch.

Ein paar Ratschläge

* Reden ist Gold – Schweigen ist Blech

Am Anfang aller Veränderungen steht unsere Bereitschaft, uns mitzuteilen. Das Zauberwort heißt Kommunikation. Eine Fähigkeit, die vor allem in anspruchsvollen Momenten wie Weihnachten besonders wichtig ist, aber sie verdient, dass wir sie das ganze Jahr über trainieren. Ich habe von meiner Frau gelernt, was es bedeutet zu kommunizieren: und zwar den anderen teilhaben zu lassen. Dabei geht es nicht darum, ihm von den großen Dingen des Lebens zu erzählen. Als Mann neigt man ja dazu zu überlegen, welche Dinge wert sind, mitgeteilt zu werden und welche nicht. Man legt die Themen auf eine Art Wichtigkeitswaage und befindet darüber, ob sie bedeutend genug sind; von vielen glauben wir, es sei nicht so. Das Ergebnis ist Schweigen. In jahrelangen Mühen hat mir meine Frau beigebracht, dass nicht die Wichtigkeit einer Sache ausschlaggebend ist, darüber zu sprechen. Es gehe vielmehr darum, dass wir dem anderen vermitteln, wo wir gerade in Gedanken sind, welche Überlegungen wir anstellen, auch banale und alltägliche. Weil ich jedoch glaubte, nur Wichtiges sei mitteilenswert und daher schwieg, fühlte sie sich ausgeschlossen. In diesem Sinn müssen wir das Sprichwort umdrehen: Reden ist Gold – Schweigen ist Blech. So ist es richtig!

Der vorweihnachtliche Stress jedoch ist nicht dazu geeignet, uns zum Reden zu bringen. Vielmehr bringt uns der zunehmende Zeitdruck dazu, über wichtige Themen hinwegzugehen, auftauchende Fragen nicht offen und direkt anzusprechen, wie das notwendig wäre. Stattdessen werden wir aus Termingründen immer intoleranter, fordern perfektes Funktionieren ein, ohne uns abzusprechen, bestehen auf Arbeitsteilung, wollen Entlastung – und müssen resigniert feststellen, dass Dinge, die ein ganzes Jahr lang nicht funktionieren, auch in der Weihnachtszeit kaum verändert werden können. So kommt es zu Vorwürfen, zu Kritik und zu stereotypen Sätzen indirekter Kommunikation wie: „Das ist typisch für dich! Das hast du noch nie können! Du bist sowieso ein Versager!“

* Nutzen Sie Ihre Sehnsucht nach der idealen Familie

Weihnachten verstärkt unsere Sehnsucht nach Harmonie, sei es in der Familie oder in unserer Beziehung. Nutzen Sie diese Sehnsucht, indem Sie sich überlegen, wie Sie bestehende Konflikte lösen könnten. Um dabei erfolgreich zu sein, sollten Sie freilich zweierlei bedenken: Es gibt keine Beziehung, in der es nicht auch Konflikte gibt (Sie sind also mit den entsprechenden Fragen nicht allein). Und lassen Sie sich vom weihnachtlichen Diktat „Seid friedlich“ nicht dazu verleiten, alles Unangenehme zu verdrängen und einen faulen Frieden über alle Konflikte zu breiten. Das führt nur dazu, dass Sie in die vorweihnachtliche Stress-Spirale geraten und der persönliche Leidensdruck immer mehr zunimmt, bis es am Weihnachtsabend zum Krach kommt.

Die Frage kann also nicht lauten: Wie vermeide ich Konflikte? Sondern nur: Wie gehe ich mit ihnen um? Das Wissensgebiet der Mediation beschäftigt sich genau damit. Es zeigt, wie wir Konflikte lösen können, um zufriedener und glücklicher zu werden. Die Kunst der Problemlösung läuft stets über drei Stufen:

1. Versuchen Sie das Problem zu erfassen und zu analysieren.
2. Überlegen Sie sich mögliche Varianten, wie Sie das entsprechende Problem lösen könnten.
3. Einigen Sie sich auf jene Lösung, die am ehesten die Interessen der beteiligten Konfliktpersonen oder -gruppen zufriedenstellt.

Bitte vergessen Sie nicht im Sinne unseres ersten Ratschlags, über die jeweiligen Schritte miteinander ausgiebig zu sprechen.

* Entwickeln Sie eine Gebrauchsanweisung

So wie jeder Mensch eine eigene Sicht auf die Welt hat, so liegen oft Welten zwischen den Vorstellungen, wie ein ideales Fest auszusehen hat. Während der eine bereits mit einem einfachen Weihnachtsfest und kleinen Geschenken zufrieden ist, spricht der andere nur dann von einem wirklich gelungenen 24. Dezember, wenn ein gewisser Luxus herrscht und die Präsente eine gewisse Größe bzw. einen bestimmten Wert übersteigen. Doch anstatt einzuräumen, dass wir immer unterschiedliche Blickwinkel haben, nehmen wir an, dass Weihnachten etwas so Selbstverständliches ist, dass es sich jedem gleichermaßen erschließen muss und jeder das Gleiche damit verbindet.

Es ist nicht leicht, auf einen gemeinsamen Nenner zu kommen. Sprechen Sie also die unterschiedlichen Auffassungen offen an. Arbeiten Sie gemeinsam an der Vorstellung, wie das Fest aussehen soll, entwickeln Sie zusammen ein Bild dafür. Die Adventszeit ist lang genug. Versuchen Sie bereits die Einkäufe und die anderen Weihnachtsvorbereitungen als gemeinsames, lustvolles Programm zu gestalten und die Rollen frühzeitig und gerecht festzulegen.

Doch damit nicht genug: Notieren Sie Ihre Übereinkunft für das kommende Jahr, dann werden Sie besser gerüstet sein, denn: Weil Weihnachten nur einmal in zwölf Monaten stattfindet, fehlt uns der Trainingseffekt. In den vielen Monaten vergessen wir alle Strategien wieder, die uns geholfen haben, das Fest friedlich zu gestalten. Nehmen Sie sich ein Beispiel an anderen komplizierten Aufgaben und entwickeln Sie also gleichsam eine Gebrauchsanweisung für Weihnachten. Sie werden sehen, das entlastet Sie und hat den Vorteil, dass Sie nächstes Jahr auf die Erfahrungen zurückgreifen und vielleicht sogar etwas verbessern können.

* Akzeptieren Sie Unterschiede und lassen Sie sich nicht kränken

Leider ist es nicht möglich, alle Auffassungsunterschiede zwischen Ehepartnern und Eltern oder Schwiegereltern zur allgemeinen Zufriedenheit zu lösen. Nichts zu machen. Doch auch dafür bietet sich ein praktikabler Ausweg an: Akzeptieren Sie, dass es unterschiedliche Sichtweisen gibt. „Nur nicht kränkbar sein“, lautet die entsprechende Devise. Natürlich ist es für Stephan nicht leicht, sich den Vorwurf anzuhören, er habe seine Carla nur wegen des Geldes geheiratet. Andererseits wissen er und seine Frau doch besser, wie es wirklich ist und es besteht kein Grund, auf die ständigen Witze der Schwiegereltern etwas zu geben.

In Abwandlung eines Ausspruchs von Goethe hat ein Patient einmal zu mir gesagt: „Herr Doktor, es ist ganz einfach. Die

Grundregel lautet: Nimm einen Menschen, wie er ist, dann wird er so, wie er sein soll." Und darin, so finde ich, steckt eine tiefe Weisheit. Den anderen zu nehmen mit all seinen Stärken und Schwächen bedeutet indirekt, seine Stärken zu unterstützen. Die Weihnachtszeit ist ideal dazu geeignet, diesen respektvollen Umgang miteinander zu trainieren, die positiven Seiten des anderen in den Vordergrund zu rücken und sich nicht in den negativen, daraus resultierenden Konflikten zu verbeißen. Von Paracelsus stammt der Ausspruch: „Das wahrhaft Heilende ist die Liebe". Dem ist nichts hinzuzufügen.

7.

„Über die Feiertage nehme ich doch nur wieder drei Kilo zu!“

Warum wir uns vom herrschenden Schönheitsideal nicht die Festtagslaune verderben lassen sollten, zumal die meisten gute Gründe haben, mit dem eigenen Körper zufrieden zu sein.

Wollen Sie eine kleine, unterhaltsame Streiterei unter Freunden und Bekannten anzetteln, dann müssen Sie nur darüber sprechen, was es zu Weihnachten zu essen geben muss – und warum. „Bei uns“, könnten Sie zum Beispiel ein ganz klein wenig hinterlistig sagen, „gibt es jedes Mal eine große, knusprige Weihnachtsgans. Mit allem Drum und Dran. Ohne Gans ist das kein richtiges Fest!“ Wetten, dass alle Anwesenden widersprechen? So werden die einen kopfschüttelnd einwenden, es entspreche vielmehr dem Festtag, sich auf etwas ganz Einfaches zu beschränken, auf Würstel und Kartoffelsalat; mehr sollte es keinesfalls geben. Andere wiederum werden sich mit der Forderung einmischen, das Fest verlange nach einem großen Braten, nach mehreren Gängen, nach Tellern voller Mehlspeise und Weihnachtskeksen, nach teurem Wein. Und wiederum andere werden feststellen, dass ein Fest ohne Karpfen bzw. ohne Truthahn kein gelungenes Weihnachten sein könne.

Auf welche Seite Sie sich schlagen werden und wie auch immer die weitere Debatte verlaufen wird – in einem werden sich alle einig sein: Es ist von entscheidender Bedeutung, was es zum Christfest zu essen gibt. Essen und Weihnachten, das gehört für die allermeisten Menschen untrennbar zusammen. Die passenden Debatten auch. Und die entsprechenden Befürchtungen erst recht. Aber alles der Reihe nach.

Es ist – menschheitsgeschichtlich gesehen – noch nicht lange her, da mussten sich die meisten von uns täglich bemühen, genug zu essen zu haben. Wir müssen nicht gleich an die Ärmsten der Armen denken, für die es im Wortsinne ums Überleben ging; es reicht schon, wenn wir uns normale Menschen mit normalem Einkommen ansehen. Auch sie lebten in Europa meist bescheiden, die Alltagskost war angemessen, Luxus eher die Ausnahme, die Sorge um das Idealgewicht und derlei neumodischen Unfug ebenso. Kein Wunder also, dass unsere Vorfahren sich danach sehnten, es sich einmal im Jahr so richtig gutgehen zu lassen. Welches Fest hätte sich besser dazu geeignet als Weihnachten? Eben. So kam es, dass man elf Monate lang sparsam und vernünftig lebte, um zum Jahresende im Luxus zu schwelgen. Das Essen zu Weihnachten war eine wunderbare Ausnahme, vergleichbar nur mit ebenso seltenen und einschneidenden Ereignissen wie Hochzeiten, Geburten oder Begräbnissen.

In einer der wunderbaren Michel-Geschichten, die Astrid Lindgren geschrieben hat und die den Titel trägt „Montag, der 26. Dezember, als Michel ‚Das große Aufräumen von Katthult‘ veranstaltete und die Maduskan in der Wolfsgrube fing“, findet sich die Beschreibung eines Festschmauses, die einem beim Lesen nicht nur das Wasser im Mund zusammenlaufen lässt, sondern die uns auch klarmacht, welchen Aufwand man unter schwedischen Bauern getrieben hat, um das christliche Fest zu feiern. Überflüssig zu sagen, dass nicht nur dem Essen, sondern auch den Getränken die gleiche Aufmerksamkeit galt und gilt.

„Das große Weihnachtsschwein wurde geschlachtet, und nun, sagte Lina (die Magd, Anm.), hatte man selbst kaum noch Platz in der Küche, zwischen all den Fleischwürsten, den Klößen, den Bratwürsten und Leberwürsten, die sich neben Schinken und Sülze und gepökelten Schweinsrippen und ich weiß nicht was noch allem drängten. Dünnbier gehörte auch dazu, wenn Weihnachten war. Das hatte Michels Mama in dem großen Holzbottich im Brauhaus gebraut. Gebacken wurde, dass einem schwindlig werden konnte: Sirupbrot, feines Roggenbrot und Safranbrot und Weizenbrot und Pfefferkuchen und besonders leckere kleine Brezeln und Sahnebaisers, bunte Kekse und Spritzgebäck, ja, aufzählen kann man nicht alles."

Die Liebe zum Essen ist geblieben – die Umstände haben sich geändert. Herrschte früher das Jahr über alltägliche Kargheit, sodass die weihnachtlichen Festessen schon allein durch die Menge und Vielfalt des Angebotenen zur Ausnahme wurden, so stellt heute die Ausnahme die Regel dar. Üppiges Essen, ausladende Schlemmereien und luxuriöse Ausschweifungen sind für deutlich mehr Menschen erschwinglich und machbar; all das erscheint daher selbstverständlich und alltäglich. Wer also seinen Liebsten ein besonderes Weihnachtsessen anbieten will, der muss sich schon sehr anstrengen, um das zu schaffen, aber das nur nebenbei. Ungleich wichtiger ist der Nebeneffekt, den diese Entwicklung hat.

Weil es den Menschen (glücklicherweise!) heute deutlich besser geht als noch vor ein paar Jahrzehnten, kämpfen immer mehr mit ihrem Gewicht. Unser Körper funktioniert nämlich nach zwei einfachen Gesetzen – und die passen nicht in die moderne Zeit: Wenn unser Körper viel zu essen bekommt, scheidet er es nicht aus, sondern speichert jedes Gramm Energie, und zwar in Form von Fett; das führt dazu, dass uns üppiges Essen zwangsläufig dick macht. Wenn der Körper hingegen wenig zu essen bekommt, reduziert er seinen Energieumsatz (anstatt gleich alle Fettreserven zu verbrennen); das führt dazu, dass wir schwer abnehmen.

Dieses Verhalten hat sich über viele Jahrtausende hinweg herausgebildet, war es doch eine sehr vernünftige Strategie: Weil nicht sicher war, wann unsere Vorfahren den nächsten Bären erlegen würden, speicherte unser Körper möglichst jedes Gramm der vorhandenen Nahrung in Form von Fettpolstern, um dann in kargen Zeiten davon leben zu können; um unser Leben möglichst lange zu garantieren, versucht der Körper in diesen Zeiten möglichst effizient zu arbeiten, indem er zum Beispiel die Körpertemperatur verringert. Dass es heute an jedem Imbiss-Stand beliebige Mengen an Bärenfleisch zu kaufen gibt, hat unser Körper leider noch nicht mitbekommen. Kein Wunder: Verglichen mit der Menschheitsgeschichte dauert unsere üppige Gegenwart erst eine Sekunde – und so schnell kann auch die klügste Natur nicht umlernen.

Diese Gewohnheit unseres Körpers führt dazu, dass viele von uns zunehmen oder sich zumindest ständig mit einschlägigen Fragen herumschlagen. Anlässlich des Weihnachtsfestes sehen wir uns in besonderer Weise damit konfrontiert: „Über die Feiertage nehme ich doch nur wieder drei Kilo zu!“ Von der wunderbaren Tradition, mit der Familie oder Freunden große, opulente Weihnachtsessen zu feiern, einander näherzukommen, das Fest zu zelebrieren, sich an den sinnlichen und geistigen Genüssen zu freuen – von all dem bleibt oft nur die Befürchtung, zuzunehmen, dick zu werden. Mit Schuld daran trägt das herrschende Schönheitsideal. Trotz aller Kritik gilt bloß als schön, wer schlank und rank ist; ein Ideal, unter dem vor allem Frauen leiden, aber zunehmend auch Männer. Kein Wunder also, dass viele Menschen in den großen Tellern duftender Kekse, im Schokolade-Christbaumschmuck und in den Köstlichkeiten des Festtagsessens Verlockungen sehen, die sie vom rechten Weg abbringen wollen – anstatt eine Gelegenheit, zu genießen. Und diesem Genuss auch die angemessene Zeit zu geben.

Ein paar Ratschläge

* Wenden Sie sich der naheliegendsten Frage zu

Bevor wir uns mit grundsätzlicheren Hinweisen zum Dickfühlen und Schlanksein beschäftigen, wollen wir uns der naheliegendsten Frage zuwenden. Sie lautet: Können wir über die (drei) Weihnachtsfeiertage überhaupt drei Kilo zunehmen? Selbst wenn wir es darauf anlegen würden?

Die beruhigende Antwort: schwer, sehr schwer! Sie müssten dazu nämlich täglich 7000 Kilokalorien aufnehmen – und zwar *zusätzlich* zu ihrem normalen Tagesbedarf. Das bedeutet, dass Sie jeden Tag rund 1,2 Kilogramm Schokolade essen müssten. Schwer zu schaffen. Unnötig, sich Sorgen zu machen. Nächste Frage.

* Denken Sie an etwas anderes

Um bestimmten Themen die Schärfe zu nehmen oder um den Kopf freizubekommen, hilft oft ein einfacher Trick: sich auf etwas anderes zu konzentrieren. Und die störenden Gedanken bewusst und vorsätzlich beiseitezuschieben. Die Gedanken an Ihr Idealgewicht zum Beispiel oder an die Kalorienhaltigkeit von Weihnachtskeksen. Am besten funktioniert das, indem Sie an etwas anderes denken, sich auf Wichtiges konzentrieren: Die Vorbereitungen für das Fest etwa. Das eine oder andere Geschenk. Auf den Schneefall, der jetzt, zwei Tage vor Weihnachten, doch tatsächlich eingesetzt hat.

Das bedeutet nun nicht, dass Sie versuchen sollten, überhaupt nie mehr ans Essen zu denken (oder daran, sich ein wenig zurückzuhalten). Sie sollten bloß vermeiden, Ihre Gedanken um nichts anderes mehr kreisen zu lassen. Wenden Sie sich dem Thema Essen und Trinken in sinnvollen Abständen zu, also einmal die Woche, wenn Sie auf die Waage steigen (am besten, Sie tun es bloß einmal monatlich). Ebenfalls sinnvoll: Beiläufig an das Thema Essen zu denken, es gleichsam aus dem Augenwinkel zu betrachten. Dann behalten Sie das Thema im Blick, ohne ständig darauf zu starren.

* Verabschieden Sie sich von falschen Idealen

Die Medien vermitteln ein Schönheitsideal, das oft gesundheitsschädlich ist. Denn viele jener Models, die als Vorbilder vor allem für junge Frauen gelten, haben objektiv gesehen Untergewicht. Das kann schlimme Folgen haben, einige davon zeigen sich erst spät und sind dann nicht mehr zu beheben. So begünstigt Unterernährung zum Beispiel die Entstehung von Osteoporose, eine Knochenkrankheit, unter der normalerweise alte Leute leiden. Eine Chance, uns vor diesen folgenschweren Idealen zu bewahren, besteht darin, uns den enormen öffentlichen Druck bewusst zu machen, unter dem wir alle stehen. Und ein Körpergefühl zu entwickeln, das unseren Anlagen entspricht. Denn ebenso wie jeder seine ganz typische Haarfarbe besitzt, so hat jeder sein individuelles Idealgewicht.

Es würde hier zu weit führen, uns diesem großen Thema erschöpfend zu widmen, daher wollen wir es mit diesem wichtigen Hinweis bewenden lassen: Wir sollten alles unternehmen, um dem weit verbreiteten Zwang, dünn zu sein, zu entgehen. Und dafür einen Weg suchen, uns im eigenen Körper wohlzufühlen. Denn wer unerreichbaren Körperidealen hinterherläuft, der erreicht nur eines: dass er sich unglücklich fühlt und im ständigen Gefühl lebt, nicht gut genug zu sein. Und davor sollte uns – gerade zu Weihnachten – etwas ganz Entscheidendes bewahren: die Zuneigung zu uns selbst, der Respekt vor unseren Eigenheiten.

* Rechnen Sie ein wenig herum

Wir haben es geahnt – ganz haben wir Sie noch nicht überzeugt. Stimmt's? Also: Ein Vorschlag zur Güte. Wir schreiben Ihnen eine kleine Formel auf. Mit deren Hilfe können Sie Ihren BMI ausrechnen. Keine Angst, das heißt zwar übersetzt etwas hochtrabend „Body Mass Index", bedeutet aber nichts anderes als: Sie haben wahrscheinlich ein völlig normales Gewicht. Wie Sie das ausrechnen? So.

Nehmen Sie Ihre Körpergröße in Metern, multiplizieren Sie diese mit sich selbst; anschließend dividieren Sie Ihr Gewicht durch das Körpergrößen-Ergebnis. Wenn Sie also 1,75 Meter groß sind und 70 Kilo wiegen, dann rechnen Sie Ihren BMI aus, indem Sie 1,75 x 1,75 rechnen. Das ergibt 3,06. Nun nehmen Sie Ihr Gewicht und dividieren es damit: 70 : 3,06 = ergibt einen BMI von 22,8. Perfekt, denn: Alle Zahlen zwischen 18,5 und 25 gelten als Beweis dafür, dass Sie normales Körpergewicht haben. Die meisten Models haben übrigens einen BMI rund um die 17, leiden also unter mäßigem bis leichtem Untergewicht. Wir – Ihre beiden Autoren – pendeln zwischen 22,6 und 23,6. Wir befinden uns also alle in bester Gesellschaft. Nicht gertenschlank, aber meilenweit von einer unpassenden Figur entfernt.

* Weichen Sie gewissen Nahrungsmitteln aus

Obwohl Sie sich nun also der Ansicht nähern, eigentlich ganz normales Gewicht zu haben, wollen wir Sie nicht in die vollkommene Bedenkenlosigkeit entlassen, denn: Man kann sich einigermaßen vernünftig ernähren und man kann sich falsch ernähren. Man kann Dinge essen, die uns bleiben lassen, wie wir sind, und wir können so viel Fettes und Süßes in uns hineinstopfen, dass wir zunehmen müssen – ohne aus dem Konsum der vielen ungesunden Dinge irgendeinen Genuss zu ziehen.

Das bedeutet: Achten Sie bitte (wie oben angedeutet) aus dem Augenwinkel darauf, eher Gemüse zu essen und das fette Fleisch liegen zu lassen. Ein opulent zubereiteter Fisch bzw. ein magerer Rindsbraten schlägt anders zu Buche als fetter Schweinsbraten und in viel Öl ausgebackene Wiener Schnitzel. Sie wissen, worauf wir hinaus wollen? Gut. Sie denken selbst immer wieder daran? Noch besser. Mission erfüllt. Auch bei Keksen kann man auf die leichteren Varianten ausweichen, weniger Zucker nehmen, weniger Butter, dafür mehr Nüsse und Trockenfrüchte. Da wir aber Weihnachten feiern, sollten wir nachsichtig mit uns sein. Ein Feiertagsschnitzel muss sogar sein.

* Noch ein kleiner Trick

Ein Sprichwort lautet, man solle aufhören, wenn es am schönsten ist. Das Schöne an diesem Satz: Er stimmt, er konnte von der Glücksforschung lückenlos bestätigt werden. Uns bleibt nämlich von allen Erlebnissen vor allem deren Finale in Erinnerung; diese Erinnerung wiederum bestimmt, wie wir diese Erlebnisse später bewerten. Wenn wir also bei einem großen Weihnachtsmenü sitzen, ganz hingegeben an den Genuss unserer Lieblingsspeise, und dann am Höhepunkt des Genusses mit dem Aufhören anfangen, werden Sie die wunderbarste Erinnerung daran behalten (außer Sie haben erst zwei Bissen gegessen und würden hungrig bleiben – dann natürlich nicht!). Essen Sie freilich aus lauter Begeisterung unbekümmert weiter (verständlich! naheliegend!), bis Sie nicht mehr „papp" sagen können, dann werden Sie mit gemischten Gefühlen an den Weihnachtsabend denken – und alle Bemühungen zunichtemachen, die Sie und Ihre Liebsten in die Vorbereitung des Abends gesteckt haben. Und das hat niemand verdient – Sie nicht und Ihre Liebsten auch nicht.

8.

„Was soll ich den anderen bloß schenken?“

Über die anstrengende Suche nach dem passenden Präsent und warum wir sie fröhlich auf uns nehmen sollten.

Es fällt uns beim besten Willen nicht mehr ein, wer uns die folgende Geschichte erzählt hat, nichts zu machen, leider! Aber weil sie so gut zum Thema Schenken passt, geben wir sie hier dennoch wieder. Erzählt hat sie uns, so viel ist klar, ein entfernter Bekannter, der lange Zeit in Südamerika gelebt hatte. Nun sollte er wieder nach Europa zurückkommen, und zwar im Auftrag jenes Unternehmens, das ihn auch dorthin entsandt hatte. Es galt also Abschied zu nehmen für ihn. Von seinem Zuhause. Vom Alltag des fremden Landes. Und von Freunden. Da es absehbar war, dass der Bekannte so schnell nicht mehr nach Südamerika zurückkehren würde, plante er, sämtliche „offene Rechnungen“ zu begleichen. Dazu habe er kleinere, nicht erwiderte Geschenke ebenso gerechnet wie einige „Schulden“, so gering, dass sie kaum der Rede wert waren (und auch niemand auf den Gedanken gekommen wäre, sie jemals wieder zu erwähnen). All das wollte der Bekannte nun – rational denkender Europäer, der er war – zurückzahlen, ausgleichen. Doch schon der erste Freund, den er deshalb besuchte, sah ihn entsetzt an. Ob er denn, fragte er und starrte auf die kleine Geldsumme in der Hand des Bekannten, ihm die Freundschaft aufkündigen wolle? Nun war es an unserem Bekannten, entsetzt zu sein. „Nein, keinesfalls – wie kommst du darauf?“ – „Weil du alles ausgleichen willst – und das bedeutet für uns, eine Beziehung zu beenden.“

Das mag für einige unserer Leser sehr groß und sehr pathetisch klingen. Doch schon ein kurzer Blick in die wissenschaftliche Literatur zeigt, wie vertrackt die Sache mit dem Schenken und dem Beschenktwerden ist. Und dass wir sie daher nicht den Geschäftemachern überlassen sollten, die versuchen, aus Weihnachten ein Hochamt des Kapitalismus zu machen (und sonst nichts). Wer sich mit dem Schenken beschäftigt, wird entdecken, dass sich zwischen dem Schenkenden und dem Beschenkten ein kompliziertes Geflecht an Erwartungen, Abhängigkeiten und Handlungsaufforderungen ergibt. Denn wer jemandem etwas überreicht, zeigt ihm damit einiges: dass er ihn mag; dass er ihm dankbar ist; dass er ihn respektiert – oder dass er ihn schrecklich findet (wenn er absichtsvoll ein falsches Geschenk wählt). Was immer davon zutreffen mag – der andere muss auf das Geschenk irgendwie reagieren. Lehnt er es ab, stößt er den anderen zurück; nimmt er es an, lässt er zu, dass der andere eine neue Beziehung mit ihm knüpft oder eine bestehende vertieft. Das wiederum wirkt auf den Schenkenden zurück, der sich darüber freuen wird, dass er dem anderen einen Gefallen getan hat, oder darüber, dass es ihm gelungen ist, in der Achtung des anderen zu steigen und so fort.

Schenken bringt also Menschen zusammen und stiftet eine dauerhafte Beziehung zwischen ihnen. Und es zeigt, dass wir Menschen nicht so egoistisch sind, wie uns das viele glauben lassen wollen (zum Beispiel die Wirtschaftswissenschaftler). Wie sehr es auf den Akt des Schenkens ankommt (und weniger auf den realen Wert des Geschenks), können wir daran ermessen, dass sich selbst „wertlose“ Dinge bestens dazu eignen. Denken Sie nur an eine Feldblume, die Ihnen ein vertrauter Mensch schenkt, weil er Sie mag – oder sogar liebt. Die Blume hat den Schenkenden nichts gekostet, Sie werden sie nicht einmal für zehn Cent weiterverkaufen können (es aber auch nicht wollen!) – und dennoch werden Sie die Blume als das behandeln, was sie ist, nämlich als Kostbarkeit.

Zu welcher Haupt- und Staatsaktion private Geschenke werden können, zeigen die Gewohnheiten, die in fremden Ländern herrschen. So erzählte uns ein anderer Bekannter (an dessen Namen wir uns erinnern), wie das in Japan abläuft: So ist es üblich, zu Essenseinladungen ein Geschenk mitzubringen. Dieses wird dem Gastgeber feierlich überreicht, von diesem aber *nicht* geöffnet, denn: Es könnte ja sein, dass sich der Gast vertan und etwas Falsches mitgebracht hat (zu billig, zu teuer, zu hässlich). Stattdessen wiegt der Empfänger das Geschenk in Händen und dankt dafür in unverbindlich-bewundernden Worten, um das Ding anschließend zu den anderen (verpackten) Dingern zu legen. Nach der Einladung wird von den Beschenkten akribisch notiert, von wem welches Präsent stammt, damit sie bei der Gegeneinladung etwas Gleichwertiges mitbringen können. Ganz hervorragend als Mitbringsel eignet sich übrigens aufwendig verpacktes Obst. Eine Melone zum Beispiel. Sie muss freilich makellos schön sein, weshalb sie von Hand in der Sonne gedreht wird, damit sie auf allen Seiten die gleiche Farbe bekommt. Wenn wir uns richtig erinnern, kann so eine Geschenk-Melone 100 Euro und mehr kosten.

Viel gäbe es noch zu sagen zur geschichtlichen Rolle von Geschenken, zu Theorien und Vermutungen über deren aggressionshemmende Wirkung etwa. Schließlich würden wir jedoch enden, wo wir jetzt schon sind, nämlich bei dem Hinweis, dass Geschenke aus dem Zusammenleben von Menschen nicht wegzudenken sind – und wir gut beraten sind, uns mit der Kunst zu beschäftigen, welche zu machen. Weshalb wir direkt zum praktischen Teil dieses Kapitels kommen.

Ein paar Ratschläge

* Achten Sie nicht zu sehr auf die Preise Ihrer Geschenke

Wie schon im Zusammenhang mit der „wertlosen" Feldblume angeklungen: Nicht der reale Wert eines Geschenks ist ausschlaggebend dafür, ob es jemand als kostbar empfindet, sondern dessen symbolischer und sozialer. Wir könnten uns die allermeisten Dinge, die wir so geschenkt bekommen, problemlos selbst kaufen, aber das käme nicht aufs Selbe hinaus. Wir lieben und wünschen uns Geschenke, weil sie uns etwas geben, das wir nur *von anderen* bekommen können (und sich nicht kaufen lässt): Aufmerksamkeit, Respekt und Zuwendung.

Wie der andere auf ein bestimmtes Geschenk reagiert, hängt davon ab, wie nah (oder wie fern) uns dieser andere steht – und zu welchem Anlass wir ihm das Geschenk überreichen. So wird ein flüchtiger Bekannter anders auf ein beiläufig überreichtes Taschenbuch reagieren als der eigene Lebensgefährte. Während Ersterer erfreut darüber sein dürfte, überhaupt etwas von uns zu Weihnachten geschenkt zu bekommen, wird unser Lebensgefährte über das Taschenbuch ziemlich enttäuscht sein. Machen wir hingegen flüchtigen Bekannten teure und aufwendige Präsente, werden sie sich nicht freuen, sondern skeptisch werden, während unsere Familienmitglieder wohlwollend nicken werden und sich denken: „Das sind die Geschenke, die zu uns passen!"

* Machen Sie es wie gute Journalisten

Von guten Journalisten wissen wir, dass sie – wollen sie über ein Thema schreiben – erst einmal recherchieren, sich also auf die Spur ihres Themas begeben, um Menschen zu beobachten, mit ihnen zu sprechen, auf Zwischentöne zu hören. Machen Sie es genauso. Aber beginnen Sie damit nicht erst am Nachmittag des dritten Adventssonntags, sondern wenden Sie sich Ihrem Gegenüber das ganze Jahr über zu. Zumindest phasenweise. Sehr wichtig: Machen Sie sich Notizen! Sie glauben gar nicht, welche Dinge wir vergessen können, von denen wir annehmen, sie hätten sich für immer in unser Gedächtnis gegraben. Folgen Sie unserem kleinen Ratschlag, werden Sie am Ende des Jahres eine sehr lange

Liste mit Ideen in Ihrem Notizbüchlein stehen haben. Wenn Sie schon dabei sind, notieren Sie auch Ihre eigenen Wünsche. Sie wissen ja: Spätestens Mitte November wird man Sie in Gespräche verwickeln und dabei versuchen, auf Zwischentöne zu hören. Ihr Gegenüber ist offensichtlich dabei herauszufinden, was Sie sich zu Weihnachten wünschen. Und auf diese Annäherung sollten *Sie* vorbereitet sein.

*** Fühlen Sie sich in die anderen ein**

Herumzuschleichen und zu recherchieren wie Journalisten wird wahrscheinlich nicht genügen, um die wahren Wünsche der anderen herauszufinden. Es ist ein Anfang, aber ein wenig sollten Sie noch weitermachen. Und zwar indem Sie versuchen, sich in die anderen einzufühlen, die Welt mit ihren Augen zu sehen. Das schreibt sich recht einfach hin, das wissen wir, aber so schwer ist es auch wieder nicht, denn die meisten von uns trainieren diese Kunst ohnehin den ganzen Tag, ohne dass sie sich dessen immer bewusst wären. Denn ohne Fähigkeit, uns in andere einzufühlen, könnten wir nicht verstehen, was sie brauchen, wie sie sich fühlen und womit wir sie erfreuen (aber auch: kränken). Wie Sie das konkret anstellen könnten? Hier zwei Anregungen.

Suchen Sie nach dem richtigen Symbol: Rufen Sie sich die Person, der sie etwas schenken wollen, in ihrer Einzigartigkeit ins Bewusstsein. Überlegen Sie sich, was Sie an diesem Menschen besonders schätzen und wählen Sie dafür ein Symbol. Das kann ein Stein sein, eine Blume, eine Murmel oder irgendeine andere Kleinigkeit, die Sie zu Hause oder in der freien Natur finden. Im nächsten Schritt überlegen Sie sich, welche Eigenschaften Sie dieser Person wünschen, die sie noch nicht besitzt; suchen Sie auch dafür ein Symbol. Einmal abgesehen davon, dass Sie sich mit diesem kleinen Ritual liebevoll mit dem betreffenden Menschen beschäftigt haben, finden Sie auf diese Weise wahrscheinlich viel leichter ein persönliches Geschenk für ihn, als würden Sie bloß angestrengt darüber nachdenken.

Legen Sie Knöpfe: Der österreichische Arzt und Begründer der Psychodramatherapie Jakob Levy Moreno hat die Theorie vom sozialen Atom entwickelt. Darunter versteht er die kleinste soziale Einheit. Sie bestehe, sagt Moreno, aus dem einzelnen Menschen und all jenen Lebewesen, mit denen er verbunden sei (wie eng auch immer). Um den Aufbau dieses Atoms zu verstehen, also Ihre Beziehung mit anderen Menschen, könnten Sie folgenden Versuch unternehmen: Besorgen Sie sich eine Schachtel voller Knöpfe und legen Sie einen großen Bogen Packpapier auf den Tisch. Platzieren Sie nun stellvertretend für jeden Menschen einen Knopf auf dem Papier – in die Mitte einen für sich, darum herum andere: einen Knopf für die Lebenspartnerin bzw. den Partner, einen Knopf für jedes ihrer Kinder, Knöpfe für die Eltern, Knöpfe für Freundinnen, Freunde und so fort –, bis Sie das Gefühl haben, alle wichtigen Menschen versammelt zu haben. Die Entfernung der einzelnen Knöpfe von Ihrem eigenen wird bestimmt durch die Nähe oder Distanz, die Sie zu den einzelnen Personen empfinden.

Wenn Sie damit fertig sind, lassen Sie sich auf jeden Einzelnen Ihrer Freunde ein, auf jedes Familienmitglied und freuen Sie sich darüber, dass es ihn oder sie gibt. Überlegen Sie anschließend, wem Sie etwas schenken wollen – und wem nicht. Bitte bedenken Sie: Es hat keinen Sinn, alle Menschen zu berücksichtigen; das wird Sie überfordern. Gute Freundschaften werden auch bestehen bleiben, wenn es ausnahmsweise weder Weihnachtsgeschenk noch Weihnachtskarte gibt. Oder aber Sie lassen sich von dieser kleinen Übung anregen – und schenken all jenen, die Sie leer ausgehen lassen wollten, eine Handvoll Knöpfe samt einer handschriftlichen Gebrauchsanweisung für unser kleines Spiel.

9.

„Und wenn es dann besinnlich wird, stimmt auch wieder etwas nicht“

Über unsere Schwierigkeiten, mit der plötzlich ausbrechenden Ruhe und Harmonie der Feiertage umzugehen – und wie es diesmal damit klappen könnte.

Es gibt ja ein Sprichwort, das lautet sinngemäß: Wen Gott strafen will, dem erfüllt er seine Wünsche. Das klingt erst einmal ziemlich eigenartig, denn was gibt es Schöneres, als endlich zu bekommen, was man sich innig gewünscht hat? Doch ab und zu scheint doch etwas dran zu sein an dieser Weisheit. Und zwar in jenem Moment, in dem wir zu Weihnachten endlich jene Ruhe und Besinnlichkeit erleben, nach der wir uns das ganze Jahr über gesehnt haben. Da entwickeln wir Tag für Tag die gleiche Betriebsamkeit, zischen morgens in die Arbeit, in die Uni, mit den Kleinen in die Schule, sind tagsüber mit unseren Jobs beschäftigt, kommen kaum zum Mittagessen, hetzen von Termin zu Termin, zum Sport, nach Hause, zu den Kindern, kümmern uns um das Abendessen, räumen auf, verfrachten die Familie ins Bett, gönnen uns ab und zu einen Kinoabend oder einen kleinen Restaurantbesuch – und kaum haben wir uns versehen, ist das Jahr rum und wir kein einziges Mal zur Ruhe gekommen, von Besinnung ganz zu schweigen. Aber jetzt, zum Ende des Jahres! Jetzt gehen die Feiertage los, und wir erleben stille Stunden im Übermaß. Da sitzen wir nun, ruhig ist es geworden, die Aufregung hat sich gelegt, die Arbeit ruht, der Sport ebenso, die Welt hält den Atem an, ein jeder in der Familie geht seinen Dingen nach, für sich, konzentriert. Und über allen Wipfeln ist wirklich Ruh'.

Doch was ist das? Anstatt uns wohlig in diesen Zustand hineinfallen zu lassen, ihn zu genießen, uns ganz darin zu verlieren, werden wir von Minute zu Minute unruhiger, laufen wir hektischer auf und ab, wie kleine Kinderspielzeuge, die jemand aufgezogen hat und die daher im Zimmer herumschwirren, orientierungslos und hartnäckig. Doch damit nicht genug. Anstatt die Stille der Feiertage zu genießen, erscheint sie uns plötzlich wie ein großer, dunkler Rachen, der uns zu verschlucken droht. Immer rastloser werden wir und der Zustand legt sich erst, als wir denken (und uns fühlen wie ertappt): „Glücklicherweise nur mehr zwei freie Tage! Schön, dass es bald wieder mit dem Job losgeht!"

Sollte das Sprichwort also stimmen? Sollte Gott uns wirklich für etwas bestrafen wollen? Nun, wir sind davon überzeugt, dass das nicht so ist, sondern dass unser eigenartiger Zustand durch etwas anderes begründet ist: Wir sind mit der plötzlich ausbrechenden Ruhe schlicht und einfach überfordert. Ein einfaches Beispiel aus dem Sport soll das illustrieren. Wer eine längere Strecke joggt, der wird sich zwar von Minute zu Minute mehr danach sehnen, endlich am Ziel zu sein; wenn er es freilich erreicht hat, wird es noch eine Weile dauern, bis er es auch genießen kann. Erst einmal wird er um Atem ringen, sich einfach ins Gras fallen lassen, der Schweiß wird ihm über die Stirn laufen und so fort – bis er schließlich nach einer ganzen Weile endlich in sich ruhen wird. Um das kleine Bier zu genießen, das er sich als Belohnung versprochen hat.

Genauso geht es uns mit dem Weihnachtsfest: Das ganze Jahr sehnen wir uns nach der Ruhe dieser Zeit. Doch kaum haben wir sie erreicht, bringt uns der radikale Wechsel völlig aus dem Konzept. Erst viele Monate voller Hektik – dann der plötzliche Stillstand. Damit verlangen wir ein wenig viel von uns. Es ist wie in anderen Momenten auch: Wir müssen neue Situationen erst einmal kennenlernen, ihre Eigenheiten verstehen, eine Strategie entwickeln, wie wir mit ihnen umgehen können. Auch wenn wir die stille Zeit noch so herbeigesehnt haben mögen, auch wenn uns der Frieden des Christfestes noch so einhüllen mag – die Harmonie der Festtage ist völlig neu und ungewohnt für uns.

Verstärkt werden unsere Schwierigkeiten, auf die Stille der Weihnachtszeit angemessen zu reagieren, noch dadurch, dass wir das Jahr über auf ganz andere Formen des Umgangs mit unseren Mitmenschen trainiert sind: Vor allem im Job geht es weniger um einen harmonischen und friedvollen Umgang miteinander, sondern vielmehr um Konkurrenz, um das Sich-durchsetzen-Können, um einen erfolgreichen Verdrängungswettkampf. Dieser Umgang miteinander fordert andere Fähigkeiten als eine Situation, in der Ruhe und Einkehr möglich sind. Plötzlich geht es nicht mehr darum, Leistung zu erbringen und für diese Leistung auch belohnt zu werden, sondern stehen wir vor der Herausforderung, mit unserer freien Zeit selbstständig etwas anzufangen; mit anderen länger und ohne Zeitdruck zu kommunizieren; und über Gott und die Welt und unser Leben nachzudenken.

Besonders schwierig wird dieses Umschalten für all jene Menschen, die sich aus einem ganz bestimmten Grund unter einen großen Leistungsdruck setzen: Sie stressen sich, weil sie sich in ihrer Kindheit zu wenig beachtet und geliebt gefühlt haben. So haben sie die Strategie entwickelt, sich besonders zu engagieren, um dadurch die Aufmerksamkeit der Eltern auf sich zu ziehen, von ihnen beachtet und geliebt zu werden. Doch bei vielen wurde diese Sehnsucht nicht erfüllt, so sehr sie sich auch angestrengt haben. Die Menschen wurden erwachsen, die Szene auf der inneren seelischen Bühne bleibt jedoch bestehen – mit einem entscheidenden Unterschied: Nun sind es nicht mehr die Eltern, die in dieses Sehnsuchtsspiel einbezogen werden, sondern die Vorgesetzten, die deren Rolle übernommen haben. Weil das Arbeitsleben hart und selten auf Lob und Anerkennung aufgebaut ist, besteht die große Gefahr, dass wir weiterhin einem Phantom nachjagen und dabei ausbluten – im Beruf alles zu geben, in der Hoffnung, auf diese Weise die Zuneigung der eigenen Eltern zu erringen, ist eine hoffnungslose Strategie.

Ein paar Ratschläge

* Von den Vorzügen der Hektik

Bevor wir uns der Frage widmen, wie wir die ruhige, besinnliche Weihnachtszeit trotz aller Widrigkeiten genießen könnten, wollen wir noch kurz auf die guten Seiten der Hektik hinweisen, denn: So sehr wir unter manchen Dingen auch zu leiden glauben (und es tatsächlich auch tun) – sie haben immer auch ihre guten Seiten. Andernfalls würden wir sie recht bald bleiben lassen, denn wer quält sich schon mit Dingen, die nicht den geringsten Gewinn abwerfen? Eben. So können wir recht schnell entdecken, dass die das Jahr über herrschende Hektik den großen Vorteil hat, dass wir uns nur mit den naheliegendsten Fragen und Problemen beschäftigen müssen – und alle anderen aufschieben dürfen. Unter „alle anderen" verstehen wir eher grundsätzlichere Fragen: jene nach dem Woher und Wohin unseres Tun und Lassens, nach der Qualität unserer Beziehungen und nach dem Ziel unseres Erdendaseins. Große Fragen. Schwer zu beantwortende Fragen. Unangenehme Fragen. Mühselige Fragen. Da erscheint es nur logisch, dass wir ihnen gerne aus dem Weg gehen. Am besten klappt das, indem wir uns ständig mit dem Job, den Kindern und der Frage beschäftigen, wie wir unsere Wohnung umbauen könnten. Es ist durchaus erlaubt, uns nicht ständig mit den großen Fragen auseinanderzusetzen, sondern mit den kleineren, alltäglichen. Aber irgendwann holen sie uns dann doch ein und das bevorzugt in Momenten, in denen wir es ruhig und besinnlich haben. Wie zu Weihnachten.

* Ruhe lässt sich nicht bestellen

Während sich manche Dinge per Telefon bestellen lassen und wenig später geliefert werden – Pizzas etwa –, klappt das mit anderen überhaupt nicht. Mit Ruhe und Entspannung und Harmonie zum Beispiel. Denn zur Ruhe kann man sich ebenso wenig zwingen wie dazu, spontan zu sein: Beides erreichen wir nur, wenn wir uns darauf einlassen, es geschehen lassen. So muss beispielsweise eine gewisse Zeit vergehen, in der unser Körper und unser Geist die Chance haben, ihre Betriebsamkeit zu reduzieren – erst dann kann sich in uns das Gefühl breitmachen, zur Ruhe und damit zu uns gekommen zu sein. Diese Zeit muss wirklich vergehen, Abkürzungen und Beschleunigungen gibt es nicht. Unterstützung schon, aber auch die braucht ihre Zeit: Spaziergänge, Gespräche, In-die-Luft-Starren, Bewegung, Beschäftigung mit lieben Menschen und ebensolchen Dingen. Ruhe, Besinnung und Einkehr erzwingen zu wollen, führt nur zu Stress. Und Stress ist der natürliche Feind aller besinnlichen Gefühle.

* Gehen Sie der Sache nach

Sollten Sie es trotz aller Bereitschaft, zur Ruhe zu kommen, nicht schaffen, so lohnt es sich, über die Gründe nachzudenken. Fragen Sie sich, woher jener Leistungsdruck herrühren könnte, der Sie nicht ruhen lässt. Oft sind wir ja davon betroffen, wenn wir sehr leistungsorientiert aufgewachsen sind. Nur das Ergebnis und die Note zählten; unsere Eltern waren erst dann zufrieden, wenn wir erfolgreich waren. Erst jetzt zeigten sie uns ihre Anerkennung, ihre Zuneigung. Eine schwierige Konstellation, denn: Wir Menschen sind liebesorientierte Wesen. Das hat die Säuglingsforschung unzählige Male beobachtet. Jeder Mensch hat Anspruch auf Liebe, Fürsorge, Schutz und Geborgenheit. Und zwar auf leistungsunabhängige Liebe, die uns deshalb zuteil wird, weil wir genau so sind, wie wir eben sind.

Als Säugling und Kleinkind bekommen wir diese Art der Liebe meist noch in ausreichendem Maß, ohne dass wir dafür etwas Besonderes leisten müssten. Bald jedoch beginnt die Zuneigung der Eltern auch von unseren Leistungen abzuhängen. Die Eltern achten darauf, wann wir sitzen, stehen, laufen, vergleichen uns mit den Kindern von Freunden. Und dies ist auch gut so, leben wir doch in einer Gemeinschaft, die auf Leistung aufgebaut ist. Daher ist es notwendig, dass unsere Leistungen beachtet und belohnt werden. Beide Aspekte gehören zu einem erfolgreichen und glücklichen Leben dazu. Die Formel muss also lauten: Leistungsunabhängige und leistungsabhängige Liebe sollten sich die Waage halten. Leistung und Beziehung sollten in einem ausgewogenen Verhältnis stehen. Womit wir beim nächsten Ratschlag gelandet wären.

* Entdecken Sie das Liebenswerte in sich selbst

Wir unterhalten bekanntlich nicht nur zu anderen Menschen eine Beziehung, sondern auch zu uns selbst. Wir lernen, uns zu beobachten und zu bewerten. Dabei sollten wir unbedingt darauf achten, einerseits ehrlich zu uns zu sein, andererseits uns jedoch mit einer unerschütterlichen Grundsympathie zu begegnen. Um das zu erreichen, versuchen Sie doch folgende Übung: Überlegen Sie, welcher Mensch Sie am meisten schätzt, mag oder sogar liebt. Versuchen Sie sich ganz in diesen Menschen hineinzuversetzen – und sehen sich durch dessen Augen an. Und? Merken Sie es? Schon werden Sie sich deutlich freundlicher und wohlwollender anblicken, denn: Während uns Freunde meist mit großer Sympathie verbunden sind, neigen wir zu mitunter heftiger Selbstkritik; wir prüfen und bemerken daher vorwiegend Fehler. Seien es die Falten, die Ringe unter den Augen, die Tränensäcke, das erste weiße Haar oder die beginnende Glatze. Oder seien es unsere Unzulänglichkeiten im Alltag – weil wir meist große Pläne mit uns selbst haben, verzeihen wir uns Fehler deutlich schwerer, als das unsere Freunde tun. Die blicken meist deutlich milder auf uns als wir selbst. Und noch einen Vorteil hat diese kleine Übung: Sobald Sie erfahren haben, dass Ihre Liebsten freundlich auf Sie blicken, können Sie daraus einen folgenschweren Schluss ziehen: Es muss da irgendetwas Positives an Ihnen geben. Sonst könnte der andere doch nicht mit Ihnen befreundet sein, oder?

Es geht also darum, das Wertvolle in uns zu entdecken und darauf zu vertrauen, dass wir so, wie wir eben sind, auch liebenswert sind. Natürlich nicht für alle! Und natürlich nicht in jedem Moment unseres Lebens. Aber meistens und für viele. Es geht also darum, jene Menschen zu finden, mit denen uns die richtige Wellenlänge verbindet. Daraus wächst, wie der Psychologe Rainer Sachse so schön schreibt, Selbstachtung, positive Selbstbeurteilung und schließlich Selbstliebe. Erst in diesem Zustand kann es uns gelingen, authentisch zu sein, unsere Meinung zu vertreten, uns abzugrenzen, ohne zu verletzen, und eigene Ideen einzubringen, ohne dabei ein schlechtes Gewissen zu haben. Eine positive Beziehung zu sich selbst und – in der Folge – zu den anderen ist die Grundlage für ein liebevolles Miteinander.

* Lassen Sie gute Düfte um sich sein

Zum Abschluss dieses Kapitels noch der Hinweis auf zwei deutlich einfacher zu realisierende Kniffe, mit deren Hilfe Sie Ihre Bemühungen, in eine harmonische und ruhige Stimmung zu gelangen, befördern können. Aus der Hirnforschung wissen wir seit Längerem, dass Gerüche stark auf unsere Gefühle wirken – liegen doch die Gehirnareale für das Riechen und Fühlen eng nebeneinander. So kommt es auch, dass bestimmte Gerüche spezifische Erinnerungen hervorrufen können. Die Lehre daraus: Wir sollten versuchen, die Auswirkung der Gerüche auf unsere Stimmung und unsere Erinnerungen in unserem Sinne zu nutzen. Wer also mit dem Duft von Zimtsternen behagliche Abende an der Seite seiner geliebten Eltern verbindet, der hat es in der Hand, sich noch Jahrzehnte später in eine ähnliche Stimmung zu versetzen – einfach an ein paar frisch gebackenen Zimtsternen schnuppern oder, noch besser, gemeinsam mit anderen welche backen. Zudem haben die Gehirnforscher herausgefunden, dass bestimmte Gerüche auch objektiv messbare Auswirkungen auf unseren emotionalen Haushalt haben: Fenchel wirkt ebenso beruhigend wie Anis (Geborgenheit), Honig und Melisse. Am besten, Sie schaffen sich während der Weihnachtszeit ihr ganz persönliches Panorama aus anregenden und harmonisierenden Gerüchen. Und schon werden Sie für gewisse Momente zurückkehren in jene Zeiten, als das Wünschen noch geholfen hat.

10.

„Wochenlang dieses Musikgedudel und diese unzähligen Adventsmärkte – da vergeht einem die Lust auf alles!“

Wie wir uns gut durch die hektischste Phase der Weihnachtszeit manövrieren können, ohne die Lust am Fest zu verlieren.

Es war einer dieser klassischen Nachmittage in der Adventszeit. Wir eilten durch die Stadt, um noch ein paar Geschenke zu besorgen, und landeten schließlich in einem kleineren Laden, der CDs verkaufte. Es war still dort und der Verkäufer hatte daher Zeit, zu telefonieren. Als wir uns an ihn wandten, um nach einer bestimmten CD zu fragen, machte er eine freundlich-abwehrende Geste, um das Gespräch beenden zu können. Und sagte noch rasch zu seinem uns unbekannten Gesprächspartner: „Es tut mir leid, ich kann jetzt nicht weiterreden! Das Hochamt des Kapitalismus hat begonnen!“ Sagte es und wandte sich uns zu.

Und da waren wir wieder in der Realität gelandet. Unsanft, sehr unsanft. Denn Weihnachten ist wirklich zu einem solchen Hochamt geworden, bei dem es stets um das eine zu gehen scheint: uns möglichst gewinnbringend Waren oder Dienstleistungen zu verkaufen. Doch weil das nicht von selbst geht, hat sich mittlerweile rund um die „Kunst“ des Verkaufens ein eigener Wirtschaftszweig gebildet. „Neuromarketing“ nennt sich dieser Zweig der Werbeindustrie. Er hat sich darauf spezialisiert, die Art unserer Wahrnehmung zu studieren und wie sie unsere Kaufentscheidungen steuert – um sie dann diesen Erkenntnissen gemäß zu beeinflussen. Ein besonders starkes Mittel, uns in eine weihnachtlich-beschwingte, einkaufsfördernde Stimmung zu versetzen, ist Musik. Sie wirkt, ohne dass wir uns dessen bewusst wären, direkt auf unsere Gefühle ein; und diese wiederum bestimmen sehr oft unsere Einkaufsentscheidungen.

So hat ein Experiment in einem amerikanischen Weinladen gezeigt, dass wir unterschiedlich einkaufen, je nachdem, welche Musik der Ladenbesitzer gerade spielt. Kamen die Testpersonen in ein Geschäft, in dem sie mit Popmusik berieselt wurden, kauften sie deutlich billigeren Wein; ganz anders verhielten sie sich, wenn man ihnen klassische Musik vorspielte. Sie brachte Menschen dazu, teurere Flaschen zu kaufen. Doch nicht nur Musik ist dazu geeignet, uns zu beeinflussen, Gerüche und das Aussehen von Dingen und Räumen tun dasselbe. Auch sie sind dazu befähigt, unser Verhalten zu beeinflussen, ohne dass wir davon immer etwas mitbekommen. Besonders unangenehm sind die Strategien der Spezialisten für Neuromarketing, weil sie versuchen, ihre Beeinflussung an unserem Bewusstsein vorbeizuschleusen. Das führt dazu, dass wir nie (oder erst nach dem Einkauf, wenn es zu spät ist) zur Besinnung kommen.

Es ist also kein Wunder, dass es in den Wochen vor dem Weihnachtsfest keinen einzigen Ort in den Städten gibt, an dem nicht versucht würde, uns mit einschlägigen Weihnachtsgefühlen zu überfluten. Überall erklingen Weihnachtslieder, riecht es nach Zimt und Glühwein, sehen wir glitzernde Weihnachtssterne und flackernden Kerzenschein – ob in Einkaufszentren oder auf Weihnachtsmärkten, überall das gleiche Bild, der gleiche Geruch und die gleiche Musik. Ach ja, die Radio- und Fernsehprogramme haben wir ganz vergessen – auch hier hören wir zum hundertsten Mal „Last Christmas“ von Wham! und „Driving Home For Christmas“ von Chris Rea und „I'm dreaming of a white christmas“ von Wirwissennichtvonwem und sehen Werbeclips, in denen es – erraten – schneit und ganz toll festlich zugeht.

Weil wir Menschen zwar zur Emotionalität neigen, aber auch mit Vernunft begabt sind, und weil es Firmen, Läden und Medien gerne übertreiben, schlagen die Versuche, uns weihnachtlich-kaufbereit zu stimmen, immer öfter ins Gegenteil um. So hat sich in vielen Umfragen herausgestellt, dass die meisten Menschen an Weihnachten der Konsumzwang nervt.

Doch wir Kunden sind nicht allein mit dieser Abneigung. Ähnlich geht es all jenen, die auf der anderen Seite des Verkaufstisches stehen und uns dabei helfen sollen, das „Hochamt des Kapitalismus" zu feiern, wie der CD-Verkäufer in der Einstiegsgeschichte so ätzend angemerkt hat. Alljährlich hören die Vertreter der Arbeitnehmer von unzähligen Klagen: Sie könnten, seufzen viele Verkäuferinnen und Verkäufer, das ständige Weihnachtsmusikgedudel kaum mehr ertragen. Ob man denn da nicht arbeitsrechtlich etwas machen könne? Kann man nicht, sagt die Gewerkschaft. Aber es gibt Appelle, die Mitarbeiter in einem rotierenden System einzusetzen, damit sie nicht immer in den musikbeschallten Verkaufsräumen stehen müssen, sondern manchmal ins Warenlager dürfen oder sonst wohin, wo es still ist. Womit wir beim praktischen Teil unserer kleinen Meditation über die nervenzehrende Seite der Vorweihnachtszeit angekommen wären.

Ein paar Ratschläge

* Bleiben Sie gelassen – und gehen Sie dem Trubel aus dem Weg

Eine wichtige menschliche Fähigkeit besteht darin zu erkennen, wann wir nichts ausrichten können. Wann also die Verhältnisse stärker sind als wir. Im vorliegenden Fall ist das eindeutig so: Gegen die flächendeckende Beschallung mit Weihnachtsliedern, gegen pseudoromantische Weihnachtsdörflein an jeder Straßenecke und gegen die dicken Wolken von Anis- und Zimtgerüchen sind wir machtlos. So sehr wir es uns auch wünschen mögen – wir haben keine Chance, diese Dinge aus der Welt zu schaffen. So bleibt uns in diesem Fall nur zweierlei: Gelassenheit und Rückzug. Wir wissen, dass die Aufforderung, gelassen zu bleiben, sich einfach hinschreibt, jedoch sich nicht ganz leicht umsetzen lässt. Aber vielleicht können wir Sie doch ein wenig dabei stärken, denn es gibt durchaus die eine oder andere Möglichkeit dazu.

Wer sich von Gegebenheiten unabhängiger machen will, die er nicht ändern kann, der sollte zusehen, eine gewisse Distanz zwischen sich und die Ereignisse zu bringen. Das erreicht man am einfachsten, indem man einen großen Bogen darum macht. Wer also allergisch gegen die 200. Wiederholung von „Jingle Bells" ist, sollte sich darum bemühen, allen Orten fernzubleiben, an denen er dem ungeliebten Musikstück begegnen könnte. Das klingt sehr naheliegend, aber wir haben immer wieder beobachtet, dass Menschen sich genau jenen Dingen aussetzen, die ihnen nicht guttun (und über die sie sich beschweren): Sich also, wenn sie abnehmen wollen, in Konditoreien setzen, wenn sie mit dem Rauchen aufhören wollen, sich in verqualmte Cafés begeben – und wenn ihnen der Weihnachtstrubel zu viel wird, sich dennoch mitten hinein begeben. Also: Bitte nicht nur sagen, dass man genervt ist, sondern auch die Konsequenz daraus ziehen (zumindest meistens).

Wenn wir Glück haben, zieht dieser private „Boykott" auch die eine oder andere Änderung nach sich. Darauf hat vor vielen Jahren die frühere deutsche evangelische Landesbischöfin Margot Käßmann hingewiesen. Sie appellierte an die Menschen, auf den sich immer weiter nach vorne verschiebenden Beginn der Weihnachtssaison zu reagieren, indem sie die angebotenen Waren einfach ignorierten: „Wir sollten als Christinnen und Christen Politik mit dem Einkaufskorb machen." Dem haben wir nichts hinzuzufügen.

Doch unangenehmen Dingen einfach aus dem Weg zu gehen, hat für manche etwas mit Davonlaufen zu tun, weshalb sie sich gerne einer anderen Strategie bedienen würden. Das ist verständlich. Sie könnte darin bestehen, die Aufmerksamkeit zu verlagern, also nicht mehr auf den unangenehmen Weihnachtstrubel zu achten, sondern vielmehr den Blick all jenem zuzuwenden, das für Sie während der Adventszeit wirklich wichtig ist: die Konzentration auf das Wesentliche, die engste Familie, deren Wohlergehen, deren Freude, auf Geschenke und Zuwendung, die diese Wertschätzung ausdrücken können.

Für Menschen mit ausreichend Humor hingegen könnte das Mittel, sich zu distanzieren, darin bestehen, sich ein wenig lustig zu machen – über die Absurdität des ganzen Trubels, die eigene (nicht ganz verständliche) Gewohnheit, dabei mitzumachen bzw. die Unlust, sich durchs Gewühl zu quälen. Für welche Perspektive auch immer Sie sich entscheiden mögen, das Entscheidende ist, sich von der so dominant empfundenen Umwelt ein wenig zurückzuziehen.

* Gehen Sie eigene Wege

Weil wir aber das Weihnachtsfest nicht ersatzlos streichen, sondern Möglichkeiten finden wollen, es ein wenig mehr nach unseren Regeln vorzubereiten und zu begehen, müssen wir die ausgetretenen Pfade nicht nur meiden – sondern eigene finden. Bloß einen großen Bogen um dröhnende Weihnachtsmärkte und Einkaufszentren zu machen, bringt nichts. Sich etwas anderes auszudenken, ist nicht immer bequem, denn wer etwas auf seine Weise machen will, muss es suchen und finden. Das kann in unserem Fall nur bedeuten: Wir müssen zu einem Zeitpunkt an Weihnachten denken, zu dem das (noch) keiner tut. Das ist anstrengend und erfordert eine hohe Fähigkeit zur Selbstorganisation. Wir müssen uns eigene Pläne machen, eigene Strategien zurechtlegen. Das heißt: Wir werden uns zu einem Zeitpunkt um Weihnachtsdekorationen kümmern müssen, zu dem man uns etwas verwundert ansehen wird („Was wollen Sie denn im Frühsommer mit Christbaumkugeln?"). Etwas leichter ist es mit den Geschenken, die Sie das ganze Jahr über besorgen können; wer sommers einen wunderbar weichen Pullover kauft, wird deswegen nicht allzu skeptisch angesehen werden.

Und dennoch erfordert dieser Alleingang einige Disziplin: Dinge zu organisieren, die in diesem Moment niemand anderer auch organisiert, ist mühsam. Viel einfacher ist es hingegen, auf jenen Sog zu warten, der sich entfaltet, wenn alle anderen damit beginnen, Weihnachten vorzubereiten. Wir Menschen sind bekanntlich von Natur aus darauf programmiert, gemeinsam mit der Mehrheit zu schwimmen. Eine Errungenschaft der Evolution, die uns das Überleben sicherte.

* Gehen Sie online

Menschen, die das Internet bereits für sich entdeckt haben, wird dieser Ratschlag nicht überraschen. Alle anderen könnten aus diesem Anlass überlegen, mit dem neuen Medium, wenn nicht Freundschaft zu schließen, so es sich zumindest einmal ein wenig genauer anzusehen. Es ist zwar durchaus ein Verlust, nicht mehr persönlich loszuziehen, um Weihnachtsbesorgungen zu machen: Man sitzt zu Hause vor dem Computer, klickt sich durch die elektronische Welt, sieht nur Bilder der angebotenen Dinge, ohne sie auch berühren zu können, es ergibt sich kein Gespräch mit fachkundigen Verkäufern und all die anderen Begleitgeräusche fehlen auch. Aber wenn wir Sie richtig verstanden haben, dann sind es genau diese Begleitumstände, die Ihnen die Freude am nahenden Weihnachtsfest vermiesen. Daher können Einkaufsspaziergänge durchs Internet eine durchaus erfreuliche Abwechslung sein. Dazu kommt, dass Sie im Internet durch die Welt der Waren streifen können, wann immer Sie wollen. Sie können die Empfehlungen anderer Käufer lesen, sich von diesen etwas empfehlen lassen, mit ihnen in Kontakt treten, die Waren vergleichen und sich bequem ins Haus schicken lassen. Wo war noch gleich das nervige, überfüllte Großkaufhaus? Sie sehen also: Was wir an Direktheit verlieren, gewinnen wir an Distanz. Es ist wie so oft eine Frage des Blickwinkels, wie wir Situationen beurteilen.

Und sollten Sie während des Jahres vergessen haben, wichtige Weihnachtsdinge einzukaufen oder die spöttischen Blicke von Verkäufern scheuen, wenn Sie im Sommer nach Weihnachtskugeln verlangen – Sie können sich immer noch ein paar Ohropax kaufen und sich in die Geschäfte bemühen. Wer weiß, wie lustig dieser Stummfilm auf Sie wirkt?

11.

„Wir sollten uns wirklich mehr um die Armen und Bedürftigen kümmern!“

Über unsere Bereitschaft, während der Weihnachtszeit zu spenden, und über die guten Gründe, auch über das Jahr damit weiterzumachen.

In der berühmten Erzählung „Eine Weihnachtsgeschichte“ von Charles Dickens spielt ein Geschäftsmann namens Ebenezer Scrooge die Hauptrolle. Und vier Geister; diese führen dem alten Mann eindrucksvoll vor Augen, wie hartherzig, geizig und unsozial er ist. Doch bis zum Auftritt der Geister müssen wir Leser gar nicht warten, wir bekommen bereits zu Beginn der Erzählung einen tiefen Einblick in die schwarze Seele von Scrooge. Denn als zwei Herren an dessen Tür klingeln, um Spenden für die Armen zu sammeln, weist er sie brüsk ab. Und schickt ihnen ein paar zynische Argumente hinterher (die wir auch heute noch hören können): Er zahle Steuern, sagt Scrooge, komme daher für die Armen bereits auf. Außerdem will er von den Spendensammlern wissen, ob es nicht Gesetze gebe, die sich der Notleidenden annähmen, keine Gefängnisse und Arbeitshäuser? Sagt es, der Selbstgefällige, und ist sich seiner Sache mehr als gewiss. Er hat getan, was er soll, denkt er. Darüber hinausgehendes Engagement? Keine Lust. Nachdem ihm freilich die Geister zeigen, wohin seine egoistische Haltung unweigerlich führen wird (zu seiner vollkommenen Vereinsamung nämlich), ändert Ebenezer Scrooge sein Leben von Grund auf – und wird ein guter Mensch.

Da zur Rettung unseres Seelenheils keine Geister bereitstehen dürften (leider!), müssen wir die Sache selbst in die Hand nehmen. Und über Weihnachten und unsere soziale Verantwortung nachdenken. Das mag zwar ein wenig anstrengender sein, dürfte aber wahrscheinlich aufs Selbe hinauslaufen.

Die Adventszeit zeichnet sich bekanntlich nicht nur aus, dass die Umsätze von Geschäftshäusern und Internetshops sprunghaft ansteigen, sondern auch dadurch, dass die karitativen Institutionen Gleiches zu berichten wissen. Sie erzählen davon, dass sie deutlich mehr Geld bekommen als gewöhnlich, aber auch davon, dass die Spendenfreude der Menschen nach den Feiertagen rasch wieder erlahme.

Wenn man uns fragt, warum wir uns so verhalten, so werden die meisten von uns antworten, Spenden gehöre zur Weihnachtszeit einfach dazu: Man müsse während dieser Zeit auch an die weniger Glücklichen denken, sie unterstützen. Immerhin sei Weihnachten das Fest der Liebe, und das sollten wir ernst nehmen. Das ist gut und schön und unterstützenswert – aber noch ein wenig ausbaubar, glauben wir. Denn wir sollten nicht bloß während weniger Wochen sozial denken und handeln, sondern versuchen, auch das restliche Jahr damit weiterzumachen. Dafür gibt es mehrere gute Gründe – und zwar durchaus egoistische, denn: Karitativ zu sein, wirkt positiv auf uns zurück. Verkürzend kann man sagen: Wer anderen Gutes tut, tut sich selbst etwas Gutes. Aber alles der Reihe nach.

Eine der großen Fragen lautet ja, ob Geld glücklich macht, mehr Geld noch glücklicher und ganz viel Geld am glücklichsten. Diese Frage konnte mittlerweile hinreichend beantwortet werden: Nein, macht es nicht. Oder zumindest kaum. Es gibt nämlich nur eine schwache Wechselbeziehung zwischen der Höhe unserer Geldstapel und der Höhe unseres subjektiven Glücksempfindens. So hat man beispielsweise herausgefunden, dass Menschen, deren

Einkommen in zehn Jahren deutlich gestiegen ist, sich um nichts glücklicher fühlen als solche, die auf dem gleichen Niveau geblieben sind. Einzige Ausnahme: Wer unter drückender Geldnot leidet, dessen Glücksgefühle lassen sich durch finanzielle Zuwendungen deutlich steigern. Wer aber schon hat und immer mehr will, kann sich vielleicht immer mehr Zeug kaufen, aber glücklicher wird er dadurch nicht. *Schlussfolgerung 1: Unter diesem Aspekt können Sie von Ihrem Geld, sollten Sie es in ausreichendem Maß besitzen, durchaus etwas abgeben. Sie werden dadurch nicht unglücklicher werden.*

Es gibt durchaus eine Wechselbeziehung zwischen Geld und Glücksgefühlen. Die entfaltet sich freilich nicht im luftleeren Raum, sondern in konkreten Zusammenhängen. Wer beispielsweise in einem ärmeren Umfeld lebt und genug Geld hat, der wird sich glücklich fühlen. Wer hingegen mit derselben Summe auf dem Konto in einem noblen Vorort lebt, wo bereits die Kinder mit Porsche-Plastikautos über den Spielplatz brettern, den werden eher negative Gefühle beschleichen. *Schlussfolgerung 2: Achten Sie auf Ihre Umgebung. Wenn Sie glauben, mit Menschen zusammenleben zu müssen, die Ihnen finanziell weit überlegen sind (Sie aber genau betrachtet mit Ihrem Geld ganz gut auskommen), sollten Sie die Wohngegend wechseln. Sie haben es also durchaus in der Hand, sich glücklicher zu fühlen, um dann als glücklicherer Mensch leichter spenden zu können.*

Soweit zur Frage, ob das Weggeben von Geld unser Glück gefährden kann. Kann es offensichtlich nicht. Und nun zur Frage, welche Auswirkungen das Spenden auf unseren seelischen Haushalt hat. Um das herauszufinden, haben amerikanische Psychologen Menschen befragt, und zwar in zwei Richtungen: Wie viel geben Sie für sich selbst aus? Wie viel geben Sie für andere aus, und zwar in Form von Spenden und Geschenken? Das Ergebnis der Befragung ist eindeutig und ein weiteres Mosaiksteinchen in unserer abschließenden Empfehlung: Geld für sich selbst auszugeben, hat keine messbaren Auswirkungen auf individuelle Glücksgefühle. Das Bare hingegen in Form von Spenden oder Geschenken weiterzureichen – *das* ließ die Befragten markant fröhlicher werden. Das hat wiederum andere Wissenschaftler zu der Erkenntnis gebracht, die positiven Effekte sozialen Engagements auf das Wohlbefinden von uns Menschen würden extrem unterschätzt. Wer immer mehr Geld verdiene, möge es daher keinesfalls für sich selbst verwenden, sondern für andere. Nur so könne es uns gelingen, dauerhaft glücklicher zu werden. Diese Glücksgefühle haben wohl unter anderem damit zu tun, dass wir uns normalerweise recht machtlos fühlen, wenn wir auf die Entwicklung der Welt blicken. In dem Moment jedoch, da wir eine konkrete Initiative unterstützen, ändert sich unser Selbstbild: Wir begreifen uns als Individuen, die etwas tun können, die Macht haben, geringe, das ja – aber deutlich mehr als jene Menschen, die auf der Couch sitzen und das Elend der Welt aus der Ferne ansehen. *Schlussfolgerung 3: Geld spenden macht glücklich, es behalten, nicht.*

Ein paar Ratschläge

* Spenden Sie einfach

Es wird Sie nicht überraschen, dass wir aus dem bisher Gesagten eine ganz einfache Empfehlung ableiten: Bedauern Sie Menschen nicht bloß, denen es schlechter geht als Ihnen, sondern lassen Sie ihnen Ihre Hilfe zukommen. Spenden Sie. Es gibt eine Unzahl von Menschen, die das bereits getan haben, einer unter ihnen ist der bekannte österreichische Schauspieler Otto Tausig. Sein Motto ist ebenso einfach wie effektiv: „Nicht jammern, sondern einfach etwas tun". So spendet er immer wieder seine Gagen für Entwicklungshilfeprojekte. Jeder von uns kann etwas tun. Manchmal genügt es schon, das ein wenig kleinere Auto zu kaufen, um genügend finanzielle Reserven dafür zu haben. Es wird Ihnen nicht nur im Jenseits, sondern bereits im Diesseits gelohnt werden, wie wir weiter oben gesehen haben. Wir sollten auch das gute Selbstgefühl nicht vergessen, das sich einstellt, wenn wir etwas für andere tun: Wer gibt, erlebt sich als souverän und großzügig, als ein etwas besserer Mensch. Das klingt stark nach Eigenlob, was es auch ist – aber wer sollte etwas dagegen sagen, solange es einem guten Zweck dient? Eben!

* Spenden Sie richtig

Wir können natürlich auf gute und weniger gute Weise spendabel sein. Irgendwelchen fremden Leuten an der Haustür spontan größere Summen zu geben, erscheint uns nicht empfehlenswert. Genauso wie Sie überlegen, auf welche Weise Sie Ihr Geld anlegen wollen, sollten Sie auch beim Ausgeben vorgehen. Am besten suchen Sie sich eine Institution oder eine Person, der Sie wirklich vertrauen können. Wenn Sie sich unsicher fühlen, wenden Sie sich an einschlägige Institutionen: In Österreich ist das die Kammer der Wirtschaftstreuhänder (www.kwt.or.at), in Deutschland das Zentralinstitut für soziale Fragen (www.dzi.de) und in der Schweiz die Stiftung ZEWO (www.zewo.ch). Die drei Institutionen vergeben Gütesiegel an all jene Einrichtungen, denen Sie guten Gewissens spenden können.

Lassen Sie sich mit Ihrer Entscheidung auf jeden Fall Zeit. Begegnen Sie allen Menschen, die Sie unter Druck setzen wollen, mit Vorbehalt. Das Argument „In diesem und jenem Land ist eben etwas Schreckliches passiert, wir brauchen dringend Geld, sonst können wir nicht helfen!“ stimmt nicht, denn: Alle großen karitativen Institutionen haben so viele finanzielle Reserven, dass sie erst einmal loslegen können. Wenn sie dafür auf Ihre aktuelle Spende warten müssten, wäre alles zu spät. Sie haben also genügend Zeit, sich das Richtige zu überlegen. Und seriöse Institutionen werden Ihnen Zeit geben, nachzudenken.

Wer lieber Sachen spenden würde als Bargeld, sollte bedenken, dass Hilfsorganisationen mit Letzterem deutlich mehr anfangen können als mit Dingen. Die müssen erst transportiert, gereinigt etc. werden. Geld hingegen lässt sich blitzschnell in alles verwandeln, was man gerade braucht. Begonnen bei der wärmenden Decke bis hin zu Lebensmitteln und Zelten. Sachspenden sind gut gemeint, aber wenig hilfreich.

* Seien Sie egoistisch

Die Welt ist groß und ebenso vielfältig sind die Probleme, die mit unserer kleinen Hilfe gelöst werden könnten. Aber: Wo beginnen, zu helfen? Wem etwas geben? Wem besser nichts? Bei der Beantwortung dieser Fragen kann Ihnen niemand helfen – einmal abgesehen von den Institutionen, die wir im vorhergehenden Absatz beschrieben haben. Aber ob Sie sich lieber bei einem Waisenhaus in Ihrer näheren Umgebung engagieren oder bei einem Umweltprojekt in fernen Ländern – das hängt allein von Ihren persönlichen Präferenzen ab. Davon, welche Themen Ihrem Herzen am nächsten sind. Objektive Kriterien für „gute" Spenden gibt es kaum. Wir sind aber sicher, dass Sie genau das Richtige finden werden, das sinnvoll ist und Ihnen entspricht.

* Seien Sie konsequent

Unseren sozialen Verpflichtungen vor allem zu Weihnachten nachzugehen, ist gut. Besser, Sie tun es das ganze Jahr über. Am leichtesten geht das, indem Sie einen kleinen Dauerauftrag einrichten und eine feste Summe an eine bestimmte Institution überweisen. Die Spezialisten sagen übrigens, dass wir uns auf maximal drei Einrichtungen konzentrieren sollten, die wir regelmäßig unterstützen wollen. Nicht mehr, dann werde es unübersichtlich und die Institutionen hätten mehr von regelmäßigen Unterstützern als von einmaligen. Wenn Sie Ihre Organisationen einmal gefunden haben (oder auch bloß eine), haben Sie es auch leichter, darüber hinausgehende Anfragen zu beantworten: Sie konzentrierten sich auf diese und jene Sache, können Sie sagen, die eben besprochene sei zwar auch ehrenhaft, aber man habe Ihnen geraten, einen Schwerpunkt zu setzen. Und schon fällt es Ihnen deutlich leichter, engagierten Menschen abzusagen – auch um Ihre eigene Hilfsbereitschaft nicht zu sehr zu strapazieren.

* Besser wenig als nichts

Wie viel Sie letztlich spenden, bleibt natürlich ebenso Ihnen überlassen wie die Auswahl der (zertifizierten) Institutionen. Alles, was Sie tun, ist gut. Nur Nichtstun hilft niemandem. Wenn Sie also im Monat fünf Euro spenden wollen – tun Sie es einfach. Lassen Sie sich von niemandem einreden, das sei zu wenig. Es reicht. Sie wissen selbst, dass zwanzig Euro das Vierfache von fünf sind und man damit vier Mal so viel anstellen kann, das muss Ihnen niemand erklären. Als Richtschnur können Beträge dienen, die einzelne Hilfsorganisationen nennen. So sagt zum Beispiel die Christoffel-Blindenmission, es koste ganze 30 Euro, um einen Menschen in der Dritten Welt wieder sehen zu lassen; so viel koste die (einfache) Graue-Star-Operation pro Person. Sehen Sie sich einfach ein wenig im Internet um und Sie werden ein Gefühl dafür bekommen, welche Summe Ihnen angemessen und sinnvoll erscheint. Übrigens: 90 Euro kostet in Afrika ein Esel, mit dem man Wasser transportieren kann.

* Behalten Sie Ihr Geld!

Wer aus welchen (guten) Gründen auch immer kein Geld spenden will bzw. kann, der hat noch eine andere Chance, sich sozial zu engagieren: Er könnte seine Zeit spenden. Und zum Beispiel in Schulen gehen, die vor allem von unterprivilegierten Kindern besucht werden und den Schülern etwas vorlesen. Wir haben Reportagen darüber gelesen, die wunderbar schildern, wie wichtig und wie herzerwärmend es sein kann, etwas so Einfaches zu tun wie vorzulesen. Die Kinder begännen plötzlich, eine Welt für sich zu entdecken, die Sie schon längst bewohnen. Wir können Ihnen garantieren, dass Sie von den Kindern dreifach zurückerhalten, was Sie in sie investieren, sodass Ihnen das Vorlesen am Schluss wie ein Geschenk erscheinen wird. Ihrer Fantasie sind keine Grenzen gesetzt. Sie werden eine Institution finden, der Sie Ihre Zeit schenken können.

* Denken Sie an einzelne Menschen

Sollten Sie ein Problem haben, sich zu motivieren, dann sollten Sie an einzelne Menschen denken, denen Sie mit Ihrer Spende oder Ihrer Zuwendung helfen wollen. Und keinesfalls an die abertausenden Menschen, denen es schlechter geht als Ihnen. Solange Sie nämlich „nur" an einen einzelnen Menschen denken, wird es Ihnen leicht gelingen, loszulegen und sich sozial zu engagieren – auch wenn Sie dann auf einen anderen treffen sollten bzw. Ihr Geld an einen anderen gehen sollte. Sobald wir Menschen nämlich an große Gruppen Hilfsbedürftiger denken, sinkt unsere Bereitschaft zu spenden schlagartig. Das haben Forschungen des Psychologen Paul Slovic ergeben. Der Grund: Das Schicksal des einzelnen Menschen rührt unser Herz – Statistiken mit tausenden von Opfern hingegen bleiben abstrakt und lassen uns kalt. So gesehen ist eine Institution wie „Plan International" ideal für uns: Mit 25 Euro können Sie ein persönliches Patenkind in aller Welt unterstützen. Sie bekommen ein Foto von ihm, ab und zu Briefe, und Sie können ihm kleine Geschenke zukommen lassen. Und nach einigen Jahren begegnen Sie einem Menschen, dessen Erziehung und Bildung Sie mitfinanziert haben, die er ohne Sie nicht genossen hätte. Wir sind uns sicher, dass dieser Mensch große Schwierigkeiten hat, Sie jemals wieder zu vergessen. Das klingt doch bestens, oder?

12.

„Kann denn nicht wenigstens einmal im Jahr alles perfekt sein?“

Über die guten Dienste, die uns Ideale leisten und wann es Zeit ist, sich von einigen zu verabschieden.

Es gibt wenige Dinge, über die wir uns mit anderen schneller einigen dürften als darüber, wie das ideale Weihnachtsfest aussehen sollte: Die Welt möge doch, bitte!, friedlich in Schnee versunken daliegen, unsere Wohnung bzw. unser Haus aussehen, als hätte ein Trupp Heinzelmännchen mehrere Nächte lang sämtliches Silberbesteck poliert, jedes Staubkorn einzeln entfernt, alle unbeantworteten E-Mails erledigt, die Bücher geordnet und die ständig aufgeschobenen Pflichten restlos, wirklich *restlos*, erledigt. Zudem möge am Heiligen Abend die gesamte Familie um den wundervoll geschmückten Tisch sitzen, auf dem das gemeinsam gekochte, durch und durch gelungene Festtagsessen steht (von unsichtbaren Mächten aufgetragen und serviert), die lieben Menschen in vertraute und friedliche Gespräche vertieft, zu hören sollten leises Gläserklirren und stimmungsvolle Musik sein, während draußen, auf den ohnehin schon sehr romantischen Schnee, noch ein bisschen zusätzlicher Schnee draufrieselte (und zwar das entscheidende Glitzer-Quäntchen). Anschließend dann sollten alle aufstehen und sich nach nebenan begeben, um die unter dem strahlenden Weihnachtsbaum liegenden Geschenke auszupacken, die jedem Einzelnen exakt jene Wünsche erfüllen würden, die in den Tiefen seines Herzens schlummerten, ja, manche würden sogar bekommen, von dem sie nicht geahnt hatten, dass sie es zu ihrem Glück noch brauchen. Ja, so sollte das doch sein, oder? Es tut nichts zur Sache, dass manche diese perfekte Welt für ein wenig zu perfekt halten – entscheidend ist, dass sie am 24. Dezember Wirklichkeit wird. Das ist uns zwar bisher nicht gelungen, aber dieses Jahr soll es so weit sein. Endlich! Daher also – losgelegt.

Wir müssen nicht weiter schildern, wie sich unsere Vorstellungen vom idealen Weihnachtsfest auswirken, denn Sie kennen das aus eigener Erfahrung nur zu gut. Je näher die entscheidenden Festtage rücken, umso länger werden unsere To-do-Listen und umso hektischer unsere Versuche, sie abzuarbeiten. Allein der Gedanke an sie versetzt uns abends, wenn wir in unseren Betten liegen und den Lichtern der vorbeifahrenden Autos zusehen, wie sie über die Zimmerdecke huschen, in einen Zustand der Angst und Beklemmung. Wie sollen wir das alles schaffen? Wie?

Bitte!, denken wir dann noch, die ganzen Anstrengungen sollen nicht enden wie vergangenes Jahr, als von den dutzenden Dingen gerade vier erledigt waren, na gut, vielleicht waren es auch sieben, von unserem Ziel aber, das perfekte Fest Wirklichkeit werden zu lassen, waren wir denkbar weit entfernt wie auch die Jahre zuvor.

Weil wir Enttäuschungen wie diese fürchten, stürzen wir uns während der Adventszeit immer entschiedener ins Getümmel: Treiben die Familie an, ihren Teil zu erledigen. Die Zimmer aufzuräumen. Die Teppichfransen zu kämmen. Alle sollen mithelfen, das Festessen vorzubereiten. Es zu kochen. Die Kekse zu backen. Die Verwandten einzuladen. Fast hätten wir es vergessen, eine spezielle Matratze für Oma müssen wir auch noch organisieren, sie darf doch nicht weich liegen! Den Weihnachtsbaum müssen wir noch kaufen. Die zwei Projekte im Job abschließen. Noch 47 E-Mails beantworten. Die Vorhänge waschen, endlich! Die noch fehlenden Geschenke für die Eltern, die Kinder und Oma besorgen. Ah ja, Oma – wo nur sollen wir die Matratze für sie herbekommen, vielleicht kann Tante Martha gemeinsam mit den Keksen, ach Blödsinn, mit den E-Mails das Silberbesteck putzen, während wir uns einfach in die Tropen absetzen und dort einen Laden für Christbaumschmuck eröffnen … um Himmels willen, der Christbaumschmuck, vergangenes Jahr gab es da eine Riesenstreiterei darum, weil jeder einen anderen wollte …

Während uns der Kopf immer toller schwirrt, rasen die Tage dahin, bis es endet, wie immer: Anstatt uns am 24. Dezember umzublicken, erschöpft, aber zufrieden, weil alles erledigt ist, sehen wir eine Welt, die unsere Ideale verhöhnt: Schon wieder hat es nicht geschneit, stattdessen regnet es seit Tagen, die Vorhänge sind, wie sie waren, nämlich schmutzig, der Weihnachtsbaum ein wenig krumm, das Festessen auf Würstchen mit Kartoffelsalat geschrumpft, die Kekse gekauft und Omas Matratze vergessen. Wenn wir es ganz genau betrachten, unterscheidet sich unsere Weihnachtswelt nur in wenigen Details von jenem Alltag, der uns den Rest des Jahres auch schon nicht gefallen hat.

Weil wir Menschen – vor allem wenn wir traurig oder enttäuscht oder beides zugleich sind – Gründe sammeln, die nichts mit uns zu tun haben, beginnen wir Schuldige zu suchen, die für den niederschmetternden Zustand unserer Wohnung, der Natur und für die Streitereien in der Familie verantwortlich sind – und steigen damit in ein buntes Täter-Opfer-Spiel ein, das sich bis zur Verzweiflung steigern lässt: Nichts wird so, wie wir es uns wünschen. Die anderen, nicht faul, machen es ebenso – womit das Psycho-Karussell in Schwung gesetzt wäre.

Warum bloß, warum?

Um dahinterzukommen, warum sich jedes Jahr das gleiche Drama entfaltet, sollten wir einen kurzen Blick auf das Thema „Wir und unsere Ideale“ werfen. Wir haben nämlich eine innige Beziehung zu ihnen, denn sie zeigen uns, wie die Welt idealerweise sein sollte: Ob es sich nun um Blumensträuße handeln mag, Beziehungen bzw. Ehen, Wiener Schnitzel oder Ratgeber zum Thema „Wie Weihnachten wieder wunderbar wird“ – vor unserem geistigen Auge sehen wir genau, wie was beschaffen sein sollte, um uns wirklich zu gefallen.

Das ist auch sehr sinnvoll so. Denn erst wenn wir ganz genau wissen, wie etwas sein sollte, können wir loslegen. Dann wissen wir, dass man für den Strauß am besten Blumen verwendet, die zusammenpassen; dass das ideale Wiener Schnitzel wunderschön braun gebacken sein muss und dass man nach der Lektüre einschlägiger Ratgeber deutlich besser mit seinen Dingen zurechtkommen sollte. Das heißt: Erst die Idealvorstellung lässt uns erkennen, wohin die Reise geht bzw. was wir als gelungen bezeichnen können und was nicht.

Aber Idealvorstellungen spielen noch eine andere, sehr wichtige Rolle in unserem Leben: Sie leiten uns nicht nur an, sondern sie motivieren uns dazu, aktiv zu werden. Denn wenn der Status quo und unsere Idealbilder zu weit auseinanderliegen, empfinden wir den Impuls, daran etwas zu ändern. Wer also der Ansicht ist, dass Models das Ideal menschlichen Aussehens verkörpern, der wird beim nächsten Blick in den Spiegel denken: „Von deren Idealkörper bin ich ein kleines Stück entfernt – ich sollte vielleicht ein wenig Sport treiben.“ Wer wiederum Spaß am Bau von Puppenhäusern hat oder sich für alte Matchbox-Autos interessiert oder sich gerne auf Facebook tummelt, der wird durch jene Ideale auf Trab gebracht, die unter Puppenhausarchitekten, Matchboxautosammlern und Facebook-Mitgliedern gelten. Ideale haben also eine zweifache Funktion: Sie dienen als Orientierung. Und sie dienen als Ansporn, sie zu erreichen. Das ideale Weihnachtsfest inklusive.

Nach Einleitungen wie diesen kommt dann gerne ein dickes **Aber.** Und tatsächlich, da ist es schon: **Aber!** Wer es mit den Idealen übertreibt, bekommt ein Problem. Denn Ideale sind in den allermeisten Fällen unerreichbar. Das haben sie einfach so an sich – das erkennt man schon daran, dass sich das Wort vom lateinischen „idealis" ableitet, was so viel bedeutet wie „vollkommen". So orientieren wir uns zwar am idealen Schnitzel, um erfolgreich an dessen Zubereitung gehen zu können, müssen wir aber gleichzeitig mitdenken, dass das Ergebnis unserer Bemühungen ein sehr gutes Schnitzel sein kann – aber nie ein „vollkommenes". Ist so. Lässt sich nicht ändern. Und wir sind gut beraten, uns damit abzufinden.

Wer hingegen an seinen Idealen festhält und nur ein Weihnachtsfest als gelungen akzeptiert, das dem eingangs beschriebenen Idealzustand gleicht – der wird scheitern, ja, er *muss* scheitern. Das geht gar nicht anders. Vollkommenes erreichen wollen? Dass uns das nicht gelingt, ist zwar sehr schade, sehr schade sogar – es dennoch zu versuchen, ist selbstschädigend.

Der Hang, nur ideale Lösungen zu akzeptieren und alle anderen als wertlos zu betrachten, kann auch dazu führen, dass Menschen ihr Leben lang allein bleiben. Wer nämlich zu hohe Anforderungen an einen Partner stellt, also nur den idealen Mann, die ideale Frau akzeptiert, wird niemanden finden, der diesen Ansprüchen genügt. Wer von seinem Job erwartet, dass er ihm ununterbrochen gefällt, wird entweder ständig auf der Suche nach einer neuen Arbeit sein oder nie eine annehmen. Und wer nur perfekte Weihnachten als gelungen betrachtet, wird jedes Jahr von Neuem enttäuscht werden. Denn – einmal wollen wir noch darauf hinweisen: Das Leben hat die natürliche Eigenart, nicht perfekt zu sein, halb fertig und verwirrend. Lebensgefährten haben die Angewohnheit, nur halb perfekt zu sein, schlecht gelaunt und unrasiert. Und Weihnachtsfeste haben es so an sich, halb festlich zu sein, nervenaufreibend und improvisiert.

Ein paar Ratschläge

* Sehen Sie sich Ihre Ideale etwas näher an

Bevor wir uns überlegen können, wie wir mit unseren Idealen umgehen könnten, empfiehlt es sich, sie ein wenig genauer anzusehen. Dabei werden wir feststellen, dass sie zwar sehr mächtig sein können, aber nicht vom Himmel gefallen, sondern vielmehr menschengemacht sind. Wer beispielsweise nur ein paar Jahrzehnte in der Geschichte zurückgeht, wird leicht erkennen, dass es das heute geltende Schönheitsideal, unter dem vor allem Frauen leiden, noch gar nicht lange gibt. Während der 1970er Jahre etwa durften Frauen noch deutlich weiblicher aussehen – wenngleich es damals andere Ideale waren, unter denen sie zu leiden hatten (wir erinnern nur an diese eigenartigen Frisuren). Das Gleiche gilt für unsere Vorstellungen eines idealen Weihnachtsfestes – wenngleich wir dafür ein wenig weiter in der Geschichte zurückgehen müssen. Weihnachten als Familienfest ist nämlich eine „Erfindung" des 19. Jahrhunderts. Wann es genau zum festen Bestandteil des idealen Christfestes wurde, dass die Welt in Pulverschnee begraben sein muss, entzieht sich unserer Kenntnis – aber seien Sie versichert: Schnee *kann* kein Ausdruck eines authentischen Weihnachtsfestes sein, denn am Geburtsort Christi, in Bethlehem, fehlt es am entsprechenden Klima.

Nicht, dass wir uns missverstehen: Wir wollen Ideale nicht schlechtmachen, schon gar nicht solche, die ein wirklich stimmungsvolles Weihnachtsfest beschreiben. Aber es kann – vor allem in den hektischsten Phasen der Adventszeit – sehr erleichternd sein, daran zu denken, dass frisch gewaschene Vorhänge nicht schicksalhaft darüber entscheiden, ob Weihnachten als gelungen gelten kann oder nicht. Sondern dass allein wir es sind, die das Gelingen davon abhängig machen. Und es daher auch in der Hand haben, zu sagen: „Hiermit beschließen wir die Abschaffung des Vorhänge-müssen-gewaschen-werden-Ideals und etablieren stattdessen das Weihnachten-ist-vor-allem-ein-Fest-der-Liebe-Ideal."

Ebenfalls hilfreich ist es, wenn wir gelegentlich daran denken, wer aller Interesse daran hat, dass wir uns ein perfektes Weihnachtsfest *so* und nicht anders vorstellen. Da wären zum Beispiel die Besitzer von Kaufhausketten, die uns möglichst viele Dinge verkaufen wollen, die *sie* im Angebot haben und die *wir* unbedingt brauchen, angeblich. Oder wie wäre es mit den Chefredakteuren von Hochglanzmagazinen, die uns versprechen, sie könnten uns zeigen, wie wir perfekte Fünf-Gänge-Menüs servieren. Und dabei verschweigen, dass es ihnen mehr darum geht, ihre Magazine zu verkaufen – und dass die perfekt gedeckten Tische, perfekt geschmückten Bäume und perfekt eingepackten Geschenke, die sie uns da vorführen, bereits Mitte August fotografiert wurden, als die Redaktion noch viel Zeit für die Vorbereitungen hatte (ganz zu schweigen von den vielen Food-Designern, Stylisten und Hilfskräften, die nötig waren, all das zu arrangieren).

* Machen Sie sich Ihre eigenen Ideale

Unsere diesbezügliche Lieblingsgeschichte spielt vor vielen Jahren, und zwar in der Wohnung eines frisch verheirateten Paares. Die beiden waren keine großen Köche, weshalb die Qualität des servierten Essens auch immer wieder Anlass zu Gesprächen gab. So auch diesmal. Die Frau hatte sich vorgenommen, für ihren Mann eine Torte zu backen – doch trotz aller Bemühungen wollte das verflixte Ding nicht so werden, wie es werden sollte. Genau genommen war es vom Idealzustand einer Torte weitestmöglich entfernt; das lag vor allem daran, dass der trägflüssige Teig trotz allen Backens seinen Aggregatzustand nicht verändert hatte – und beim Servieren immer noch trägflüssig war. Die Frau war am Boden zerstört. Schon wieder gescheitert. Ihr Mann freilich ließ sich davon nicht weiter beeindrucken – und begann die Torte in höchsten Tönen zu loben. Während er das flüssige Etwas auf seinen Teller löffelte, sagte er, das sei die perfekteste „balinesische Schwimmtorte“, die er jemals gesehen habe – er müsse das wissen, weil seine Mutter eine wahre Meisterin in dieser Tortensparte sei. Die Torte schmeckte übrigens wirklich gar nicht schlecht, war bloß ein wenig, wie sollen wir sagen … aber das hatten wir schon.

Es gibt keinen Grund, in vergleichbaren Situationen nicht ähnlich zu verfahren. Solange es um subjektive Ideale geht, haben wir es in der Hand, sie neu zu bestimmen wie in unserem Beispiel. Oder wie in dem wunderbaren Kinderbuch von Sven Nordqvist mit dem Titel „Petterson kriegt Weihnachtsbesuch“. Die Hauptpersonen: ein alter Bauer namens Petterson und ein kleiner, frecher, sprechender Kater namens Findus. Als sich der alleinstehende Petterson so schwer am Bein verletzt, dass er keinen Weihnachtsbaum fällen kann und in der guten Stube bleiben muss, bastelt er gemeinsam mit Findus ein eigenartiges Ding zusammen, indem er einfach verwendet, was er – in der Küche sitzend – erreicht und was der Kater so heranschleppt. Als Stamm dient ein alter Besenstiel, als Äste ein paar Reiser, die sie daran befestigen, als Schmuck Schrauben, Haushaltsgeräte und Socken. Bis am Ende der Weihnachtsgeschichte sämtliche Nachbarn in der guten Stube stehen, aufrichtig den wunderbaren Baum bewundern und dabei die mitgebrachten Speisen genießen, denn Petterson konnte auch für sie nicht sorgen. Wer sagt denn, wie ein richtiger Weihnachtsbaum aussehen muss – solange er mit Liebe und in Frieden gebastelt und geschmückt worden ist? Und wer sagt denn, dass Weihnachten nicht ein spontanes Fest sein kann, zu dem alle etwas beisteuern? Eben!

Um ein Gefühl dafür zu bekommen, wie stark Sie Ihre Ideale verändern können, kann es hilfreich sein, sich bei Nachbarn und Freunden umzusehen. Wie halten die es mit Schrauben als Christbaumschmuck? Ah, interessant! Zu sehr sollten wir uns davon aber nicht beeindrucken lassen, vor allem nicht von neuen, unerreichbaren Idealen.

* Suchen Sie den Mittelweg – vielleicht ist er sogar ein bisschen golden

„Das Ziel ist im Weg“ – diesen wunderbaren Titel trägt das Buch des Psychodramatikers Michael Schacht. Er erscheint uns deshalb so wunderbar, weil der Satz auf den Punkt bringt, worum wir uns während der Weihnachtszeit bemühen könnten: um mehr Gelassenheit, um mehr Nachsicht mit uns selbst. Wer nämlich perfekt sein will, versetzt sich selbst in einen ganz besonderen Stress: Bloß nicht den geringsten Fehler! Unbedingt das Maximum erreichen! Die Psychologie hat einen Namen für diese Art von Aufregung gefunden: Sie nennt sie „Disstress“. Wenn wir erst einmal in diesen Zustand geraten sind, wirkt er sich sehr negativ auf uns aus. Einmal abgesehen davon, dass er uns körperlich zusetzt, kann er regelrecht unser Denkvermögen lähmen. Wir verlieren jede Form von Leichtigkeit, von Kreativität, alles Spielerische, unser Gehirn schaltet auf Notbetrieb und wir gehen wie ferngesteuert durchs Leben. Das hat wiederum zur Folge, dass wir genau das tun, was wir eigentlich verhindern wollten: Wir machen schneller und leichter Fehler. Dieses Phänomen lässt sich besonders gut im Spitzensport beobachten: Wer sich zu viel vornimmt, wer unbedingt perfekt sein will, der stürzt beim ersten Slalomtor, der verschlägt beim Tennis die leichtesten Bälle und der fällt beim Fußball über die eigenen Beine.

Die Lösung liegt freilich nicht darin, alle Ideale abzuschaffen, überhaupt nichts mehr zu wollen, überhaupt keinen Stress mehr zu haben. Auch nicht gut. Es ist vielmehr die Kunst gefragt, einen Mittelweg zu finden – zwischen einem gefährlichen Desinteresse am Lauf der Dinge und am bedingungslosen Willen, perfekt sein zu wollen. Wie genau wir diesen Mittelweg definieren, hängt von unserer konkreten Lage ab. Solange wir bei dem Versuch, ein Ziel zu erreichen, völlig ruhig bleiben, sind wir wahrscheinlich ein wenig zu nachsichtig mit uns. Ein wenig Stress muss schon sein – und zwar jene positive Form der Aufregung, die man „Eustress“

nennt. Der beflügelt und erfüllt uns mit dem Gefühl, angestrengt eine spannende Sache zu realisieren. Diese Grundhaltung können Sie während der anstrengenden Wochen vor dem Weihnachtsfest einüben. Denn wäre diese Zeit nicht auch mit einer verkraftbaren Portion Anspannung verbunden – wir würden die stillen Tage danach nicht zu schätzen wissen. Oder?

13.

„Papi, müssen wir wirklich Weihnachtslieder singen und Flöte spielen?“

Wie Eltern damit umgehen können,
wenn ihre Kinder keine Lust haben,
ein wenig zum Gelingen des Weihnachtsfestes beizutragen.

Dass der Heilige Abend unaufhaltsam näher rückt, merken Eltern daran, dass sie immer häufiger an ihre Flöte spielenden Kinder denken müssen (bzw. an ihre geigenden bzw. Klavier spielenden bzw. singenden). Und am Auftauchen der bangen Frage, wie das wohl dieses Jahr werden wird mit der Hausmusik. Bang ist die Frage deshalb, weil sich in vielen Familien seit Jahren das gleiche vorweihnachtliche Ritual abspielt: Eltern wünschen sich, dass Kinder Musik machen – Kinder weigern sich – Eltern werden laut – Kinder weigern sich – Eltern unternehmen letzten Überredungsversuch – Kinder weigern sich – Eltern sprechen ein donnerndes Machtwort – Kinder fügen sich murrend – Kinder flöten bzw. singen widerwillig am Heiligen Abend – Eltern verfolgen das Schauspiel mit gemischten Gefühlen – Bescherung.

Weil ja dieses Jahr ein paar Dinge anders werden sollen (und wir uns vorgenommen haben, Sie dabei – so gut wir können – zu unterstützen), wollen wir uns nicht allzu lange mit der Vorrede aufhalten.

Das eine vielleicht noch: Wenn Sie darüber nachdenken, wie Sie Ihre Kinder dazu bringen könnten, Weihnachtsmusik zu machen, beschäftigen Sie sich keineswegs mit einem nebensächlichen Thema, sondern mit einem ziemlich grundlegenden. Es lautet: Welcher Erziehungsstil ist der richtige? Der autoritäre? Oder doch eher der liberale? Und: Darf man den Kindern den elterlichen Willen aufzwingen? Oder sollten die Kleinen das letzte Wort haben? Die Antwort darauf will genauer überlegt werden – erwarten Sie daher bitte kein Patentrezept, dafür aber einige (hoffentlich) anregende Ratschläge.

* Üben Sie keinen allzu starken Druck auf Ihre Kinder aus

Wir gehen davon aus, dass Sie unser Büchlein im Moment drängender Ratlosigkeit lesen; da wir Menschen in solchen Momenten zu radikaleren Lösungen neigen, wollen wir Ihnen erst einmal ein freundliches „Alles nicht so schlimm!" zurufen. Ob die Kinder nun zum Weihnachtsfest einmal „Oh du fröhliche" singen oder nicht, ist aus der Distanz gesehen ziemlich unwichtig (erst recht aus unserer Distanz, schreiben wir doch dieses Büchlein während der Frühsommermonate).

Jemanden zwingen zu wollen, etwas Bestimmtes zu tun, wenn er sich gerade am heftigsten dagegen wehrt, erscheint uns nicht sehr sinnvoll. Also nehmen Sie erst einmal ein wenig Abstand von Ihrem Ärger und versuchen Sie die ganze Angelegenheit etwas grundsätzlicher zu sehen. Dann werden Sie feststellen, dass der Widerstand Ihrer Kinder zwar stressig ist, zugleich aber ein sehr gutes Zeichen: Sie sind nämlich auf dem besten Weg, selbstständige Erwachsene zu werden. Wir Menschen haben die angeborene Gewohnheit, unsere Autonomie beweisen zu wollen, immer und überall, vor allem aber in Momenten, in denen sie am meisten in Frage gestellt wird. Das ist sehr gut, weil diese Angewohnheit garantiert, dass nicht jeder mit uns machen kann, was er will; das führt aber auch dazu, dass wir eine Neigung dazu haben, uns auf die Hinterbeine zu stellen, anstatt zu kooperieren.

Sollten Sie auf solche Überlegungen keine Lust haben und versuchen, Ihre Kinder zum Musikmachen zu zwingen, so könnte das zwar klappen – langfristig aber mehr Schaden als Nutzen bringen. Die Kinder könnten ihren Widerwillen gegen das Musizieren noch verstärken bzw. sie könnten immer weniger Lust entwickeln, anderen etwas vorzuspielen. Also besser, Sie halten erst einmal inne – zumal es ein paar Wege zum Ziel gibt, die für alle Seiten angenehmer sind.

* Fragen Sie Ihre Kinder und hören Sie ihnen zu

Ein ebenso naheliegender wie gerne übersehener Hinweis; während der Weihnachtsvorbereitungen ist erfahrungsgemäß wenig Zeit für klärende Gespräche (diese To-do-Listen!). Richtig, aber es nutzt alles nichts: Sie sollten sich für dieses Weihnachtsproblem (und all die anderen) unbedingt Zeit nehmen. Wer weiß, welche Antwort Sie auf die einfache Frage „Sag mal, warum wollt ihr denn nichts spielen?" bekommen? Vielleicht hat im vergangenen Jahr ein unfreundlicher Onkel eine abfällige Bemerkung gemacht, die Ihren Kindern bis heute in Erinnerung geblieben ist. Vielleicht gibt es andere Vorschläge der Kinder, das Fest zu gestalten, die einen würdigen Ersatz für das Geflöte bieten (eine kurze Passage aus einem Buch vorlesen, zum Beispiel; eine kleine Geschichte erzählen). Und vielleicht bestehen nur ein paar Missverständnisse, die sich beseitigen lassen und das mit dem „Wir wollen nicht!" war ganz anders gemeint. Solange Sie nicht nachfragen, werden Sie es nicht erfahren.

* Versuchen Sie sich freundlich durchzusetzen

Wir wollen nicht den Eindruck erwecken, als ließen sich durch Nachsicht und Zuhören alle offenen Erziehungsfragen klären. Es kommt der Punkt, an dem sich zeigt, dass wir damit nichts erreichen. Das ist der Moment, in dem Eltern über die oben angedeutete Grundsatzfrage nachzudenken beginnen: Nach wessen Kopf soll es gehen? Nun: Das lässt sich mit letzter Klarheit nicht sagen, denn die Beziehung zwischen Eltern und Kindern ist nichts, das sich ausrechnen und festlegen ließe wie eine mathematische Formel. Diese Beziehung ist beweglich und veränderlich; wir beeinflussen einander, fordern einander heraus – und nerven einander. Wir Eltern reagieren im einen Moment so, im anderen so, manche Verhaltensweisen der Kinder erinnern uns an eigene (positive oder negative) Erfahrungen und so fort, weshalb wir das eine Mal mehr dazu neigen, ein andermal mehr dazu. Daher können wir hier nur Hinweise darauf geben, welche Rolle wir Großen im Erziehungsspiel spielen; wie sie sich dann konkret entwickelt, kann man nur in der konkreten Situation sehen – um dann adäquat darauf zu reagieren.

Wie dem auch sei: Es hat sich bewährt, Dinge, zu denen wir andere bewegen wollen, als Wünsche zu formulieren. „Ich wünsche mir, dass ihr am Heiligen Abend ein Lied für uns spielt." Das ist eindeutig und macht klar, von wem die Initiative kommt. Nämlich von *Ihnen* – und nicht von irgendeiner anonymen Autorität bzw. einer überholten Tradition. Das hat den Vorteil, dass Ihre Kinder wissen, an wen sie sich wenden sollen, wenn sie darüber reden wollen. Wem sie eine Freude machen. Von wem sie Dank bzw. eine Belohnung erwarten können. Und wem sie den Wunsch *nicht* erfüllen, wenn sie keine Lust dazu haben. Sagen wir hingegen, dass „man" zu Weihnachten musiziere oder „es" sich so gehöre, dann fehlt den Kindern das Gegenüber. Warum sollte man sich für „man" anstrengen? Und wer ist überhaupt dieser „es"?

Klar geäußerte Wünsche wirken also wie Beziehungs-Verkehrsschilder. Sie dienen den Kindern als Orientierung, wann sie sich im Sinne der Familienregeln verhalten und wann nicht. Das klingt erst mal einfach. Wenn wir uns aber in eine Situation versetzen, in der diese klaren Schilder fehlen, werden wir schnell merken, wie ratlos wir werden. Denken Sie nur an Ihre Besuche in fremden Ländern: Da standen Sie in einem Raum voller freundlich dreinblickender Menschen und hatten keine Ahnung, was die von Ihnen erwarteten, welche Umgangsformen angebracht waren. Sie wussten nicht, womit Sie deren Missfallen erregen würden, womit deren Zuspruch, was sich gehörte und was nicht. Genau so müssen sich Kinder angesichts von Eltern fühlen, die nicht sagen, was sie wollen und den Kindern nicht verraten, welches Spiel gespielt wird.

Unter dieser Annahme spricht einiges dafür, die wichtigsten Regeln und Erwartungen klar und deutlich auszusprechen – und sich von den Kindern zu wünschen, dass sie sie erfüllen. Im Alltag wie zu Weihnachten. Ihr Wunsch also, dass sie Flöte spielen oder sich ordentlich anziehen, ist letztlich im Sinne Ihrer Kinder. Auf die Frage, wie wir reagieren sollten, wenn sie versuchen, sich diesen Wünschen zu entziehen, gibt es natürlich unzählige (verschiedene) Antworten. Wir halten wenig davon, zu drastischen Strafen zu greifen, sondern sehen die beste Lösung darin, auf den geäußerten Wünschen zu beharren, sie zu wiederholen, auf deren Erfüllung zu bestehen – und nötigenfalls Konsequenzen zu ziehen. Diese sollten aber sofort erfolgen, angemessen und im Rahmen bleiben. Weniger hilfreich ist die Drohung, radikale Schritte zu unternehmen („Dieses Jahr gibt es *nichts* zu Weihnachten!“), sie dann aber nicht wahrzumachen.

* Geflötet wird vor der Bescherung

Mit diesem Hinweis bewegen wir uns auf Empfehlungen zu, die ein wenig von „Tricks“ haben. Wie sehr dieser indirekte Weg Ihren Vorstellungen entspricht, Ihre Kinder zur Hausmusik (und anderen wichtigen Dingen) zu bewegen, können nur Sie entscheiden. Also: Um die Attraktivität des Musizierens zu erhöhen, sollte es unbedingt vor dem Öffnen der Geschenke stattfinden. Noch glitzern die Päckchen verlockend unter dem Weihnachtsbaum und wirken als Belohnung für die (kleine) Selbstüberwindung der Kinder. Nach der Bescherung hingegen ist alle Aufmerksamkeit ganz auf den Inhalt der Pakete gerichtet und das Musizieren steht dem im Wege.

* Machen Sie ein paar Kompromisse

Um nicht den Kindern die ganze Last des weihnachtlichen Musikprogramms zu überantworten, können Sie gemeinsame Sache machen – und mit ihnen musizieren.

Was? Sie beherrschen gar kein Instrument? Und Ihre Kinder sollen unbedingt eines spielen können? Nun – das sollten wir an anderer Stelle einmal genauer besprechen, denn vieles lernen wir Menschen, indem wir es uns von anderen abschauen; dass wir unseren Kindern ein gutes Beispiel geben sollten, ist also nicht bloß eine Redensart, sondern von großer Wichtigkeit. Wenn Sie nun selbst kein Instrument spielen, sich aber wünschen, dass Ihr Kind das unbedingt tut, so stehen mitunter Sie selbst dem Projekt im Weg, indem Sie es an Vorbildwirkung fehlen lassen.

Aber Sie können ja versuchen, Ersatz für sich zu besorgen. Nein, wir wollen Ihnen nun nicht vorschlagen, einen Profimusiker einzuladen, sondern Sie darauf hinweisen, dass Sie CDs mit Orchesteraufnahmen kaufen können, denen eine Stimme fehlt – beispielsweise das Klavier. Diesen Part können Ihre Kinder dann übernehmen. Das klingt sehr toll, Ihre Kinder bekommen einen professionellen Rahmen und es fällt weiter nicht auf, wenn einer der Kleinen mal ein wenig danebenliegt.

* Fordern Sie Ihre Kinder heraus

In der Psychologie gibt es eine Strategie, andere dadurch anzuspornen, indem man ihre Fähigkeiten anzweifelt. Dieses Vorgehen ist nicht ganz ungefährlich, daher sollte man dabei genau aufpassen. Um es richtig zu machen, könnten Sie Ihren Kindern sagen: „Du bist sicher noch zu klein, um am Heiligen Abend auf der Blockflöte etwas vorzuspielen, während dich Mami begleitet, ja?“ Eine Variante dieses freundlichen und daher sehr motivierenden Zweifels besteht darin, den Kindern zu sagen: „Wir verstehen, dass ihr es dieses Jahr noch nicht schafft, uns ein kleines Konzert zu geben – viel zu schwer!“ Versuchen Sie es mit einer dieser paradoxen Interventionen. Wir sind uns relativ sicher, dass Sie ein kleines Weihnachtswunder erleben werden. Falls nicht, übernehmen wir gerne die Verantwortung dafür – wir haben doch nicht ahnen können, dass Sie für diese Technik noch nicht erfahren genug sind.

14.

„Geschenke, gut und schön – aber dieser ganze Müll!“

Über die unerwünschten Nebeneffekte des Weihnachtsfestes und wie wir sie ohne allzu große Anstrengungen vermeiden können.

Wer kennt ihn nicht, diesen Kurzfilm-Klassiker von Loriot mit dem Namen „Weihnachten bei Hoppenstedts“. Darin spielt der bekannte deutsche Humorist den wenig liebenswerten Opa der Familie, der vor allem dadurch auffällt, dass er den ganzen Abend über quengelt: „Und wann krieg’ ich mein Geschenk?“ Als er es endlich erhält, einen tragbaren Plattenspieler, hat Opa nichts Besseres zu tun, als dröhnend laut seine Lieblingsplatte mit Militärmärschen abzuspielen. Aber nicht von Opa Hoppenstedt soll hier die Rede sein, sondern von Vater und Mutter Hoppenstedt. Als die Bescherung vorüber ist und sich das Verpackungsmaterial der Geschenke brusthoch im Wohnzimmer der Familie stapelt, hat Papa eine Idee: „Wir tun einfach alles ins Treppenhaus. Mal sehen, ob die Luft rein ist.“ Vorsichtig schleichen sie zur Wohnungstür, öffnen sie – und werden zu ihrem eigenen Erstaunen von einem Riesenberg von Abfall begraben, den bereits die Nachbarn auf den Flur geworfen haben. Was die Familie Hoppenstedt nicht davon abhält, nach einer Schrecksekunde das Gleiche zu tun. Weihnachten, so der Schluss dieses achtminütigen Filmes, ist vor allem ein Abfallproblem.

Wir wollen Weihnachten nun nicht zu etwas machen, was es nicht ist – nämlich zur Ursache unserer Umweltprobleme, keineswegs. Aber wenn wir den 24. Dezember als Fest betrachten, anlässlich dessen wir ein wenig mehr unsere Achtsamkeit pflegen wollen, dann darf der Hinweis nicht fehlen, dass wir anlässlich dieses Datums unsere Umwelt ein wenig mehr strapazieren, als wir das Tag für Tag ohnehin schon tun. Zwischen 10 und 30 Prozent mehr Müll als normalerweise produzieren wir, so Schätzungen von Entsorgungsbetrieben. Dazu kommen weitere (negative) Nebeneffekte, die beispielsweise durch die liebenswürdige Tradition verursacht werden, Christbäume aufzustellen. Diese wollen gezüchtet, transportiert, geschmückt – und zu guter Letzt wieder entsorgt werden. Wer also Weihnachten als Fest des Friedens begehen will, sollte versuchen, ihn auch mit der Natur zu machen – und einen kleinen Beitrag dazu leisten, unsere Umwelt nicht mehr zu belasten als nötig. Wie genau das aussehen könnte?

Ein paar Ratschläge

* Kurze Vorbemerkung

Hinter vielen Türchen unseres psychologischen Adventskalenders stecken Ratschläge, die Ihnen zeigen wollen, wie Sie bereits durch die Änderung Ihrer Haltung etwas zum Besseren verändern könnten oder, noch besser, bloß dadurch, dass Sie mehr mit Ihren Liebsten sprechen. In diesem Kapitel werden wir mit dieser kleinen Tradition brechen müssen, denn unsere Umwelt verlangt nach Handfesterem. Zusätzlicher Vorteil unserer Hinweise: Sie können Ihnen nicht nur während der Feiertage gute Dienste leisten, sondern das ganze Jahr über, wenn Sie es denn wollen.

* Der Weihnachtsbaum

Halten Sie es beim Weihnachtsbaum wie mit dem Obst: Kaufen Sie lokale Produkte, die ökologisch korrekt angebaut wurden. Denn die meisten im Handel erhältlichen Christbäume sind ein Produkt intensiver Landwirtschaft, werden in Monokulturen gezogen, mit Kunstdünger aufgepeppt und mit Pestiziden behandelt. Einziger Nachteil des Öko-Baumes: Er neigt zu einer gewissen Urwüchsigkeit, ist also höchstwahrscheinlich *nicht* symmetrisch gewachsen und meist auch weniger strahlend grün wie der Plantagenbaum. Aber das kennen Sie schon von den Bioäpfeln, die ebenfalls so ihre kleinen „Fehler" haben. Wenn der Baum ausgedient hat, sehen Sie zu, dass Sie ihn auf eine Weise entsorgen, die einem Naturprodukt entspricht: ab in den Biomüll damit. Finden Sie keine Gelegenheit dazu, erkundigen Sie sich bitte bei Ihren lokalen Müll-Leuten, ob Sie es nicht machen können wie die Berliner: Dort ist es üblich, die Bäume auf die Straße zu werfen; anschließend sammelt die Stadtreinigung sie ein, damit sie vom lokalen Energieversorger in seinen Heizkraftwerken verbrannt werden können.

Wer nun auf die (naheliegende) Idee kommt, statt des jährlich abzuholzenden und zu entsorgenden Echtbaumes einen aus Plastik zu kaufen und aufzustellen, wird wahrscheinlich wissen, dass der nur ein schwacher Ersatz für das Naturprodukt ist. Was er vielleicht nicht weiß, ist, dass die Ökobilanz eines Plastikbaumes nur dann besser ist als jene einer echten Tanne, wenn er das Kunststoffding rund zehn Jahre lang benutzt. Erst dann beginnt es sich zu rechnen. Wollen wir das? Nein, das wollen wir nicht.

* Der Baumschmuck

Auch hier kann gelten: Alles, was glitzert, sprüht oder sonst wie besonders auffällt, eher meiden. Dazu zählen Lametta (kann Blei enthalten), Wunderkerzen (beim Abbrennen werden Kohlenmonoxid und Stickoxide frei), Schnee aus der Spraydose (enthält Undefinierbares) und in sehr viel Alufolie eingewickelte Süßigkeiten (Abfall). Als unbedenklich hingegen kann alles natürlich auf Bäumen Gewachsene gelten (Äpfel, Nüsse, Zapfen) und von Tieren und Menschen Produzierte (Wachskerzen, Lebkuchenfiguren, Patiencegebäck, Strohsterne, Salzteigmännchen, Tonbasteleien). Glaskugeln aus lokaler Produktion sind solchen aus China vorzuziehen, Holzfiguren aus der Werkstätte für Behinderte solchen aus Fernost. Wenn Sie keine Kerzen verwenden wollen (verständlich, wenn Kinder um den Baum toben), dann sollten Sie LED-Lichterketten nehmen, die wenig Strom verbrauchen, tunlichst aus nationaler Produktion.

Wenn Sie freilich Wert auf eine Stimmung legen, von der Sie glauben, Sie nur mit Lametta und Wunderkerzen erzielen zu können – nur zu! Nichts spricht gegen Ausnahmen von einem in der Hauptsache ökologisch korrekten Weihnachtsfest.

* Die Geschenke

Nein, keine Angst, wir werden Ihnen nun nicht empfehlen, sich eine Hobelbank anzuschaffen bzw. in den Hobbykeller zu gehen, um den Kindern Schaukelpferde und Holzpuppen zu schnitzen, die sie nicht haben wollen. Wir haben in diesem Zusammenhang nur vor, das allgemeine Bewusstsein ein wenig zu schärfen und Sie zu bitten, ein wenig genauer hinzusehen, denn: Nicht alles Plastikspielzeug ist abzulehnen, es gibt solches und solches. Gutes von Lego zum Beispiel (das unter anderem in Österreich hergestellt wird), von Playmobil (Made in Germany) und Fischertechnik (ebenfalls) – aber auch billiges Zeug, dem man bereits von Weitem ansieht, dass es viel verspricht, das es dann nicht hält. Ganz grundsätzlich kann gelten, dass wir auch bei den Geschenken den hochwertigen, in Europa gefertigten Waren den Vorzug geben sollten (kontrollierte Produktionsbedingungen, geringere Transportwege, soziale Absicherung der Beschäftigten). Ohne hier als Spaßverderber auftreten zu wollen, soll hier zum Abschluss dieses Abschnitts noch ein kurzer Hinweis erfolgen: Es ist überlegenswert, allgemein weniger zu schenken. Weniger, dafür aber mit deutlich mehr Zuneigung und Engagement. Wie das klappen könnte, ist in Kapitel 8 nachzulesen.

Ach ja: Eingewickelt müssen die Geschenke natürlich werden, aber auch hier können Sie eine gewisse Umsicht walten lassen. Also Recycling-Papiere ohne Lackierungen und Aufdrucke verwenden, wiederverwertbare Materialien wie Leinensäckchen oder Stoffe. Ihre Fantasie ist gefragt.

* Das Festmahl

Wieder gilt die Kombination aus naturnah und regional. Es müssen keine exotischen Fische auf dem Tisch landen, die heimischen Flüsse und Seen sind voller wunderbarer Alternativen. Aufwendig verpackte, weit transportierte Lebensmittel eher meiden. Selbstgemachtes. Weihnachtsbäckerei. Wein, Bier und Sekt von den regionalen Spezialisten. Sie wissen, worauf wir hinauswollen. Unnötig, weitere Worte zu machen. Alles wird gut!

15.

„Es gibt ja doch wieder keine weißen Weihnachten!“

Warum wir denken, dass früher alles besser war, uns die Geschichte von der Herbergssuche so anrührt und wie es uns gelingt, ein stimmungsvolles Fest zu gestalten – wenn es sein muss, mit jeder Menge Schnee.

Für die meisten von uns, was schreiben wir da – für *alle*, die das Christfest feiern, hat der amerikanische Komponist Irving Berlin die idealen Worte gefunden: In seinem Song „White Christmas“ hören wir nämlich (recht frei übersetzt): „Ich träume von weißen Weihnachten, wie ich sie von früher kenne; die Wipfel glitzern und die Kinder lauschen, ob sie nicht die Glocken des Pferdeschlittens hören, der durch den Schneefall fährt.“ Und ein paar Zeilen später heißt es noch sehnsuchtsvoll: „Ach, mögen doch alle Weihnachten weiß sein!“ Dem ist nicht viel hinzuzufügen.

Außer ein paar unterhaltsame Details zu dem Lied vielleicht, das 50 Millionen Mal verkauft wurde. Wann und wie genau Irving Berlin diesen Song geschrieben hat, darüber gehen die Meinungen auseinander. Die schönste Variante lautet, er habe ihn 1940 am Rande eines Swimmingpools in Phoenix komponiert. Wie dem auch sei – der Mann, der den Song zum größten Erfolg der Musikgeschichte gemacht hat, der Sänger und Schauspieler Bing Crosby, schätzte seinen Anteil am Erfolg von „White Christmas“ nicht sonderlich hoch ein. Das Lied hätte auch „eine Dohle mit einer Gaumenspalte“ erfolgreich einspielen können, meinte er einmal abfällig. Was nichts daran ändern konnte, dass er mit diesem Weihnachtslied bis zuletzt identifiziert wurde. Womit wir uns langsam dem Thema unseres heutigen Adventsfensterchens annähern.

Dass ein einfaches Lied über den einfachen Wunsch, diese Weihnachten mögen doch einfach einmal weiß sein wie früher – einen solchen Erfolg feiern kann, muss einen Grund haben. Und es hat auch einen, einen passend einfachen noch dazu. Er lautet: In dem Wunsch nach einem weißen Fest steckt unsere Sehnsucht nach einer kleinen, idyllischen, überschaubaren Welt, in der wir uns geborgen fühlen können. Mit einem Wort: Wir sehnen uns danach, ein wahres Zuhause zu finden, das uns schützt und hält.

Es ist daher kein Wunder, dass die Herbergssuche, wie sie in der Weihnachtsgeschichte geschildert wird, eine so wichtige Rolle spielt: Wie Josef, Maria und Jesus suchen auch wir einen geschützten Ort, einen Ort der Wärme und der Geborgenheit. Nach einem Platz, der uns innere Sicherheit gibt. Wir kennen einen solchen Ort sehr gut – als Kinder haben wir ihn schon einmal bewohnt. Denn wir Menschen werden mit einem authentischen Selbst geboren, weshalb auch jeder Säugling weiß, was ihm guttut: Er sucht nach Zuwendung, nach Liebe, nach Streicheleinheiten und belohnt jene, die sie ihm geben, mit freudigem Strahlen, genussvollem Strampeln, Quietschen und Glucksen. Doch im Lauf der Jahre werden wir aus diesem kindlichen Paradies vertrieben. Wir werden erwachsen und unser realitätsorientiertes Ich muss Wege finden, mit den Härten der Realität umzugehen. Zuwendung erfahren wir nicht mehr von selbst und wir verlernen auch, unsere Bedürfnisse so unmittelbar und naiv zu äußern wie Kinder. Dazu kommt, dass in der Welt der Erwachsenen andere Werte zählen, Geld zum Beispiel, Macht und Ansehen. Zunehmend geraten unsere Urbedürfnisse aus dem Blick, wir beginnen sie zu verleugnen, bis wir glauben, wahres Glück in äußerlichen Dingen wie Besitz und Status finden zu können.

Wie weit wir uns von jenem allumfassend-romantischen Zustand unserer Kindheit entfernt haben, wird uns vor allem während der Adventszeit bewusst, durch alle damit verbundenen Geschichten und Mythen. Sie erinnern uns daran, was wir durch die Hektik und den Erfolgsdruck unseres Erwachsenenlebens verloren, was wir in der Kindheit zurückgelassen haben. Kein Wunder also, dass uns alle Anzeichen einer heilen, romantischen Welt wehmütig werden lassen – und wir uns wünschen, sie mögen sich über Nacht wieder einstellen. Und in welchem einfachen Bild ließe sich das idealerweise zusammenfassen und auf den Punkt bringen? Richtig: In jenem von den „White Christmas", also jenem Heiligen Abend, vor dem es 30 Zentimeter geschneit hat.

Ein paar Ratschläge

* Keine Sorge: Sie sind nicht allein

Viele glauben, es gebe besonders glückliche Menschen, die bereits jenen Ort gefunden haben, an dem sie sagen: Ich bin für immer angekommen, hier kann ich ganz ich selbst sein. Das mag für einen Augenblick stimmen, aber auf Dauer können wir solche Orte nicht erreichen. Es ist vielmehr unsere Berufung, ständig auf der Suche zu sein. Niemand kann daher von sich behaupten, es bereits geschafft zu haben – und niemand sollte sich von Menschen verunsichern lassen, die es von sich behaupten (natürlich gibt es ein paar wenige Ausnahmen, die wirklich an diesem Ort angekommen sind, aber die haben es nicht nötig, andere damit zu beeindrucken). Lange Zeit sprach die katholische Religion davon, dieses Zuhause sei erst im Jenseits zu finden, die Welt also dem Paradies denkbar weit entfernt. Aus dieser Vorstellung erklärt sich übrigens auch die Bedeutung des Begriffs „heimkehren", der für „sterben" stehen kann. Erst wer die Welt und das beschwerliche Leben hinter sich lasse, so die Überzeugung, der kehre nach Hause zurück.

Die Zeiten haben sich geändert (auch mit dem Segen der Kirche) und so dürfen wir Glück und Geborgenheit auch schon im Diesseits erhoffen. Die Welt erscheint nicht mehr als reines Jammertal, sondern mitunter auch als Ort der Freude. So schwer es uns auch fällt, das zu erkennen – aus der Distanz betrachtet, hat die Menschheit während ihrer langen Entwicklungsgeschichte viele entscheidende Fortschritte gemacht und dazugelernt (unterbrochen und gefährdet durch zahllose Rückschritte, keine Frage): Wir sind prinzipiell ein wenig weiser geworden; die Medizin hat sich weiterentwickelt, viele Krankheiten sind besiegt; der Humanismus und die Demokratie sind auf einem langsamen Vormarsch – und manchmal gewinnt sogar im Fußball die richtige Mannschaft, und zwar jene, für die wir die Daumen drücken. Wir sehen also: Es gibt durchaus Grund zu Optimismus und wir dürfen damit rechnen, Schutz und Geborgenheit zu bekommen, wenn wir sie denn wünschen. Und wer täte das nicht?

* Geben Sie einander, was Sie sich wünschen

Jeder kann in seinem eigenen Bereich etwas dafür tun, dass andere Schutz und Geborgenheit finden. Es liegt an uns, sie ihnen zu geben. Ja, wir sind sogar dazu verpflichtet – zumindest unseren Kindern gegenüber. Denn die Lehren der schwarzen Pädagogik sind glücklicherweise überwunden; sie haben besagt, dass man den Willen eines Kindes früh brechen müsse, damit es ein vernünftiges Mitglied der Gesellschaft werde, damit es Vater, Mutter und Lehrer ehre; sie wollten uns glauben machen, dass man ein Kind schreien lassen müsse, weil das die Lungen stärke, und dass wir Kinder nur zu bestimmten Zeiten füttern dürften, auch wenn sie noch so großen Hunger haben. Vorbei, vorbei!

Stattdessen hat sich die Überzeugung durchgesetzt, dass wir unsere Kinder umsorgen dürfen, ihnen Liebe geben, Schutz und Geborgenheit, damit sie eine feste seelische Basis entwickeln können. Wir sollten ihnen aber auch die Gelegenheit bieten, sich eigene Flügel wachsen zu lassen, damit sie sich eine Übersicht verschaffen können, große Zusammenhänge erkennen und dem seelischen Schrebergarten eines allzu engen Zuhauses entfliehen. Überflüssig zu sagen, dass wir unseren Kindern auch Orientierung bieten müssen und sie herausfordern, um ihr Wachstum sinnvoll zu steuern – aber in diesem Adventstürchen soll es darum nicht gehen, sondern um unsere Aufgabe, anlässlich des Weihnachtsfestes darüber nachzudenken, wie wir einander umsorgen können.

*** Werden Sie konkret**

Auf welche Weise genau Sie versuchen, Ihren Lieben Schutz und Geborgenheit zu geben, das können wir von unserem Schreibtisch aus nicht wissen – zu individuell sind Möglichkeiten und Vorlieben: Während sich die eine Familie besonders eng verbunden fühlt, wenn sie die Feiertage gemeinsam in einer abgelegenen Skihütte verbringt, wo sie sowohl für das Brennholz als auch für das tägliche Essen sorgen muss, da würde für andere diese Art des Zusammenlebens zu beschwerlich sein (und sie sich besser in einem Hotel aneinanderkuscheln, wo man ihnen alles abnimmt). Der springende Punkt ist weniger, eine Liste von Tipps abzuarbeiten, die wir uns von (angeblich allwissenden) Ratgebern vorschreiben lassen, als vielmehr darauf zu achten, was unseren Liebsten das sichere Gefühl vermittelt, gewünscht, angenommen und geschätzt zu sein.

*** Sehen Sie die Sache mit den weißen Weihnachten realistischer**

Eine stete Quelle von Unzufriedenheit sind unsere Erinnerungen (wir gehen an anderer Stelle genauer darauf ein). Sie lassen uns nämlich glauben, dass früher vieles besser, romantischer und verschneiter war. Hätten wir die Chance, unsere Erinnerungen auf ihren Wahrheitsgehalt zu überprüfen, müssten wir feststellen, dass sie ziemlich übertreiben. Das hat damit zu tun, dass in der Rückschau alles Negative verschwindet; außerdem hat unser Gehirn kein Interesse an objektiver Geschichtsschreibung, sondern daran, dass wir von uns und unserer Vergangenheit nur das Beste denken.

So verhält es sich auch mit den zu Beginn unseres Kapitels zitierten „weißen Weihnachten": Weil wir mit dem Fest die denkbar besten Erinnerungen verknüpfen, weil die Enttäuschungen über diverse schneelose Feste im Nebel des Vergessens verschwunden sind und weil wir in der Erinnerung oft keinen Unterschied machen, ob wir es im Dezember oder Januar weiß hatten, sind wir felsenfest davon überzeugt, früher sei es am 24.12. besonders romantisch und behaglich gewesen. Typisch, denken wir, nicht mal die kleinste Freude kann man uns machen. Statt vor dem knisternden Kamin zu sitzen und versonnen in den leise rieselnden Schnee zu blicken, müssen wir durch Regen und Matsch stapfen! Wen wundert es da, dass sich keine weihnachtlichen Gefühle einstellen?

Fragt man die Meteorologen, so widersprechen sie uns vehement. Früher, sagen sie, gab es *keinesfalls* häufiger Schnee zu Weihnachten als heute – Klimawandel hin oder her. Wer nicht in den Bergen, sondern auf dem flachen Land wohnt, der habe eine gerade mal zehnprozentige Chance, weiße Weihnachten zu erleben. Die Chancen steigen, je höher der Wohnort liegt – so hätten die Bewohner in den Bergen eine Chance von 1:1, dass es an Heiligabend schneie, während nur Gebirgsmenschen absolute Gewissheit haben, dass sie am 24. im Schnee versinken. Für die österreichische Stadt Salzburg zum Beispiel (nur so als Beispiel) kann die statistische Faustregel gelten: Jedes zweite Fest wird weiß. Für München gilt: jedes dritte. Die idealen Monate für Schneefall sind übrigens – meteorologisch gesehen – der Januar und Februar, aber das passt leider nicht mit unseren Planungen und Idealen zusammen. Wer im englischsprachigen Raum lebt, der kann „Wikipedia“ im Internet konsultieren; sie verzeichnet unter dem Stichwort „White Christmas“ die Weihnachtsschneefallwahrscheinlichkeit für jede Menge amerikanischer, kanadischer und britischer Städte.

Und noch etwas: Vergessen Sie alle Prognosen, die jetzt schon festlegen wollen, wie es diesmal wird: Sie sind total unzuverlässig! Frühestens vier Tage vor dem Fest lässt sich sagen, wie grün bzw. weiß es diesmal wird.

* Folgen Sie dem Schnee

Sollte Ihnen der vorhergehende Ratschlag zu wenig romantisch sein, so empfehlen wir Ihnen, dem Schnee hinterherzureisen: Suchen Sie sich ein schneesicheres Skigebiet, packen Sie Ihre Liebsten, Ihre Koffer und Ihre Geschenke ein und beobachten Sie am Heiligen Abend glücklich, wie die Schneeflocken vom Himmel schweben. Wer sagt denn, dass wir unserem Glück nicht ein wenig nachhelfen können? Sehen Sie: Und schon ist Weihnachten wie früher.

16.

„Weihnachten? Oh nein, da fühle ich mich doch nur einsam!“

Über die Ratlosigkeit, in die das Familienfest viele Menschen stürzt und was wir dagegen tun können.

Der Millionär Drew Latham führt ein luxuriöses Leben, wie es sich viele wünschen. Dieses Leben hat nur einen entscheidenden Nachteil: Es ist ziemlich einsam. Das fällt der Hauptperson unserer kleinen Geschichte vor allem zu Weihnachten auf. Als er im Advent zufällig an dem Haus vorbeifährt, in dem er gemeinsam mit seinen Eltern als Kind gelebt und viele wunderbare Feste verbracht hat, fasst er einen spontanen Plan (den so nur Menschen fassen können, die in amerikanischen Komödien die Hauptrolle spielen): Er besucht die fremde Familie, die mittlerweile am Ort seiner Kindheit lebt, und bietet ihr sehr viel Geld dafür, dass sie ihn über die Festtage aufnimmt. Und nicht nur das: Das fremde Ehepaar und dessen Sohn sollen dem Millionär ermöglichen, was er aus eigener Kraft nicht geschafft hat: ein rundum gelungenes Weihnachtsfest im Kreis einer Familie zu erleben (wenn auch bloß einer geliehenen, die so tut, als sei er ihr Sohn). In der Folge gibt es natürlich viele Verwicklungen, am Ende freilich ein unerwartetes Happyend, aber all das ist nicht so interessant. Das eine vielleicht noch: Als ihm für seine Familienidylle noch jemand fehlt, engagiert der Millionär kurzerhand einen Schauspieler und gibt ihm den Auftrag, den kauzigen Familiengroßvater namens „Doo-Dah“ zu spielen.

Dieser Film, der den Titel „Wie überleben wir Weihnachten?“ trägt und in dem Ben Affleck den Millionär spielt, hat keine besonders guten Rezensionen bekommen. So schrieb der Filmkritiker Glenn Whipp in den „Los Angeles Daily News“, der Film sei so schlecht, dass die DVD sicher noch vor Weihnachten erscheinen werde – gerade rechtzeitig, um sie jemandem zu schenken, den man „wirklich, wirklich nicht mag“. Und doch haben wir den Film aus dem Jahr 2004 hier erwähnt, weil er eine weit verbreitete Fantasie auf den Punkt bringt und auf die Spitze treibt: Dass Weihnachten das Fest der Familie zu sein habe – koste es, was es wolle!

Wer das nicht glaubt, muss in der Adventszeit seine Freunde und Bekannten nur danach fragen, wo sie denn das anstehende Weihnachtsfest zu verbringen planen: In allen Antworten wird die Familie die zentrale Rolle spielen. Sei es nun die eben gegründete eigene, die Herkunftsfamilie, jene des Lebensgefährten oder die angeheiratete der Geschwister – Weihnachten & Familie, diese beiden Begriffe gehören untrennbar zusammen. Wer immer noch seine Zweifel an dieser Behauptung hat, sollte auf die unzähligen Werbeanzeigen achten, mit denen wir konfrontiert werden, oder, noch einfacher, sich die Anzahl der Resultate ansehen, die die größte Internet-Suchmaschine liefert, gibt man das Begriffspaar „Weihnachten Familie“ ein: Da heißt es nämlich „ungefähr 2.670.000 Ergebnisse“.

Das kann natürlich nicht ohne Auswirkung bleiben. Vor allem auf jene, die zu Weihnachten allein dastehen: die Einsamen, die sich schon länger nach einem Partner sehnen und noch keinen gefunden haben; die Geschiedenen, die das Fest ohne ihre Kinder feiern müssen bzw. sie mit ihrem Ehepartner teilen; all jene, die den Tod eines Menschen zu beklagen haben, der ihnen nahestand. Für sie alle wirkt Weihnachten wie ein greller Scheinwerfer, der ihnen ihre persönliche Lage überdeutlich vorführt: Dir fehlt etwas

Wichtiges! Für dich ist dieses Fest nicht gedacht! Warum hast du es nicht geschafft, was alle anderen hinbekommen haben?

Kein Wunder also, dass das Weihnachtsfest unter diesen Menschen nicht sehr beliebt ist, dass sie es schwermütig oder zaghaft oder wütend macht, und dass einige sogar davon sprechen, sie hätten den Eindruck, man setze sie einem „Weihnachtsterror" aus. All diese Gefühle sind verständlich und wohl begründet. Doch es gibt, so glauben wir, die eine oder andere Möglichkeit, das zu ändern, denn es kann nicht sein, dass das Fest der Liebe genau jene Gruppe von Menschen in Nöte stürzt, denen es eigentlich Trost verspricht.

Ein paar Ratschläge

* Grummeln Sie ein wenig über Weihnachten

Es ist für selbstbewusste Menschen wie uns selbstverständlich, nicht alles zu akzeptieren, was man uns vorsetzt. Es gehört zu unseren Selbstbehauptungs-Strategien, die Regierung zu kritisieren, die Fußballnationalmannschaft und das Weihnachtsfest: Die Regierung irrt (bisweilen), die Nationalmannschaft spielt schlecht (manchmal) und das Getue um Weihnachten nervt (bisweilen). So weit, so klar.

Die entscheidende Frage lautet jedoch: Verändert unsere Kritik etwas? Oder vermittelt sie uns bloß das (kurzfristig angenehme) Gefühl, es wieder einmal allen gesagt zu haben – aber mehr nicht? Grummeln über Zustände und Traditionen, so glauben wir, bringt eine gewisse Linderung. Das liegt daran, dass wir dadurch Distanz zu den Dingen zeigen und gewinnen. Das ist ein wichtiger Schritt. Wir glauben nur, dass das nicht ausreicht, um nachhaltig etwas an unserer Situation zu ändern. Daher machen wir mit unseren Ratschlägen noch ein wenig weiter.

* Sprechen Sie mit sich

Unter den Vorstellungen, die wir mit Weihnachten verbinden, befindet sich eine, von der wir wenig ahnen und die ziemlich folgenschwer ist. Wir denken dabei an jene, dass wir zu Weihnachten beschenkt werden, dass sich also ganz von selbst ein schönes Fest ergibt, ohne dass wir irgendetwas dazu beitragen müssten. So nachvollziehbar diese Erwartung auch sein mag – sie stammt aus Kindertagen und war nur so lange angebracht, als wir Eltern hatten, die für uns sorgten. Heute jedoch, als Erwachsene, ist es (leider) unumgänglich, selbst gestalterisch tätig zu werden, wollen wir ein gelungenes Fest feiern.

Dazu müssen wir uns freilich nicht ganz vom kindlichen Anteil unserer Seele verabschieden. Vielmehr können wir den erwachsenen Anteil unserer Seele den kindlichen fragen lassen, wie er sich das Weihnachtsfest vorstelle, was er tun müsse, damit unser kindlicher Teil glücklich und zufrieden ist. Wir sollten also in einen inneren Dialog mit uns eintreten; wer sich darin übt, der kann zwischen seinen verschiedenen Bedürfnissen vermitteln und er wird, auch wenn er allein bleiben sollte, nicht das Gefühl haben, von allen verlassen zu sein.

Es ist also möglich, allein das Weihnachtsfest zu verbringen. Nicht, weil wir müssen, sondern weil wir unsere Rolle als Alleinstehende angenommen haben. Selbst gestalterisch tätig zu sein bedeutet, für sich selbst die Rolle des Christkinds oder des Weihnachtsmannes zu übernehmen. Als Kind haben wir Zettel mit all unseren Wünschen geschrieben und gehofft, sie würden in Erfüllung gehen. Heute können wir immer noch solche Briefe schreiben, mit dem Unterschied, dass wir auch dafür Sorge tragen müssen, dass sie in Erfüllung gehen. Auf diese Weise wird Weihnachten zum idealen Zeitpunkt, der eigenen Unabhängigkeit und Selbstbestimmung einen Schritt näher zu kommen.

* Lassen Sie Weihnachten schon im Frühjahr beginnen

Nein, keine Angst, wir empfehlen Ihnen nun nicht, schon im März nach Geschenken und Weihnachtsbaum zu suchen. Wir wollen Ihnen vielmehr ein Projekt nahelegen, das eine gewisse Vorlaufzeit braucht. Und zwar: Knüpfen Sie den einen oder anderen neuen sozialen Kontakt bzw. kümmern Sie sich um alte Freundschaften. Erfahrungsgemäß sollten diesen Hinweis vor allem Männer berücksichtigen; die bemühen sich nämlich, so zeigen Untersuchungen, eher um die durchgerostete Bodenplatte ihres Oldtimers als um die Pflege alter und neuer Freundschaften.

Dieser Ratschlag erscheint auf den ersten Blick naheliegend. Er ist es auch. Das dürfte auch der Grund sein, warum er nicht allzu oft beherzigt wird, wie die vielen Beispiele von Menschen (Männern) zeigen, die nach einer Scheidung in ernsthafte Krisen geraten. Keiner da, der ihnen helfen könnte. Also: Denken Sie an die paar Menschen, die Ihnen am Herzen liegen (mehr als fünf, sechs werden es nicht sein). Beginnen Sie anschließend mit den Planungen, wie und wann Sie sie treffen wollen. Tun Sie das am besten regelmäßig, im Rahmen gemeinsamer Essen beispielsweise, die einmal im Monat bei verschiedenen Leuten stattfinden könnten.

Aber damit nicht genug: Rufen Sie Ihre Freunde auch zwischendurch an. Wenn sie Geburtstag haben oder einen anderen wichtigen Jahrestag feiern; fachsimpeln Sie mit ihnen über die verkorkste Fußballsaison, den kleinen Ärger im Job – oder reden Sie mit ihnen über das kommende Weihnachtsfest. Jede Wette, dass sich eine Lösung ergibt, die sich grundsätzlich vom letzten Fest unterscheidet, währenddessen Sie allein zu Hause gesessen und ziemlich traurig gewesen sind.

Einen Hinweis noch: Freundschaftspflege ist nicht immer ein pures Vergnügen. Lassen Sie sich das von jenen Menschen bestätigen, die Sie heimlich um ihre intakten Familien und die romantischen Weihnachtsfeste im Kreise ihrer Lieben beneiden. Alle Angelegenheiten, wirklich *alle*, in die Menschen involviert sind, haben den Hang, vorübergehend nervig zu sein. Das gilt für die große romantische Liebe, die Regierung, die Fußballnationalmannschaft und – Weihnachten.

* Tun Sie sich zusammen

Dieser Ratschlag ist im vorhergehenden Absatz schon angeklungen: Wer befürchtet, zu Weihnachten allein zu sein, sollte versuchen, ein paar Freunde zusammenzubringen, mit denen er gemeinsam feiert. Sehen Sie sich um, und Sie werden entdecken, dass es in Ihrer unmittelbaren Umgebung deutlich mehr Menschen gibt, die gute Gesellschaft brauchen können, als Sie denken. Wenn Sie immer noch überlegen, warum Sie sich mit dem Internet und den dort so beliebten sozialen Netzwerken beschäftigen sollten – hier ist der Grund dafür: Diese Homepages ermöglichen es Ihnen, vor allem mit weiter entfernt lebenden Freunden in Kontakt zu bleiben, an ihrem Alltag zumindest ein wenig teilzunehmen. „Facebook“ heißt das größte entsprechende Netzwerk, aber ständig entstehen neue und bessere (die es zum Beispiel mit dem Datenschutz deutlich genauer nehmen).

Besonders nervenstarke Menschen können auch überlegen, mit einer befreundeten Familie Weihnachten zu feiern. Die Chancen freilich, dass Sie dabei ins Grübeln kommen und sich fühlen wie das sprichwörtliche fünfte Rad am Wagen, stehen gut. Also besser doch nicht?

* Besuchen Sie ein paar Menschen, die auf Sie warten

Wer sagt, dass wir gelungene Weihnachten nur zu Hause feiern können? Wie wäre es, wenn Sie das Fest der Nächstenliebe zum Anlass nehmen, Menschen zu besuchen, die es definitiv schwerer haben als Sie? Uns scheint das eine sinnvolle Idee zu sein. Sie finden diese Menschen in Altenheimen und Krankenhäusern, in den sozialen Einrichtungen des Staates und der Kirchen, in Heimen für Behinderte und Waisen. Wir müssen Ihnen nicht erklären, dass die Menschen dort es vor allem zu Weihnachten schätzen, wenn jemand wie Sie auftaucht und ein wenig zuhört, Trost spendet, Kaffee ausschenkt, selbst gebackene Kekse mitbringt oder einfach da ist, ohne groß etwas zu tun. Rufen Sie einfach bei einer der vielen Institutionen an, die Ihre Sympathie genießt, und man wird Ihnen sagen, was Sie Sinnvolles tun können. Wenn es auch ein anstrengendes Christfest werden dürfte – es ist die authentischste Form, es zu begehen.

Der Vollständigkeit halber wollen wir noch darauf hinweisen, dass auch Sie die Hilfe solcher Menschen in Anspruch nehmen können, wenn Sie sie brauchen. Wo Sie die „Telefonseelsorge" und die „Kummernummer" erreichen, ist leicht herauszufinden.

* Laden Sie jene Menschen ein, die Ihnen vorausgegangen sind

Besonders schwierig gestaltet sich Weihnachten für all jene, die das Fest viele Jahre lang mit einem lieb gewonnenen Menschen gefeiert haben, der vor Kurzem gestorben ist. Allein der Gedanke an all die vertrauten Rituale schnürt ihnen die Kehle zu und nimmt ihnen die Lust, Weihnachten zu feiern.

Um mit dieser schwierigen Situation besser umzugehen, ist es ratsam, sich auf ein kurzes Gedankenspiel einzulassen. Wenn Ihnen dieser Mensch liebevoll zugetan war (und das war er), dann hat er kein Interesse daran, dass es Ihnen schlecht geht! Ganz im Gegenteil: Diesem Menschen täte es in der Seele weh, wenn er Sie sehen würde, wie verzweifelt Sie am Weihnachtsabend dasitzen. Wer, wenn nicht unsere Liebsten, wünscht uns stets bloß das Beste. Deshalb ehren wir ihr Andenken am besten, indem wir es uns *gut* gehen lassen. Und indem wir ein stimmungsvolles, angemessenes Weihnachtsfest feiern – und den Verstorbenen einladen, daran teilzunehmen.

Sie können das auf ganz unterschiedliche Weise tun – je nachdem, wie Ihnen zumute ist. Auf klassische Weise, indem Sie am Heiligen Abend Fotoalben durchblättern, an schöne gemeinsame Momente denken, sich dafür bedanken, das gemeinsame Leben Revue passieren lassen, lieb gewonnene Rituale wiederholen. Eine direktere Art, den Verstorbenen einzubeziehen, besteht darin, ihm beim gemeinsamen Festessen einen eigenen Platz zu decken. So kann der Verstorbene symbolisch an der Feier teilnehmen. Um diesen Menschen noch mehr an dem Geschehen teilhaben zu lassen, können Sie ihm – in einem inneren Zwiegespräch – erzählen, was Sie eben erleben, wer zum Weihnachtsfest gekommen ist, wer was gekocht hat – ganz so, als sei er unter Ihnen. Denn, wie vorhin gesagt: Am besten ehren wir das Andenken all jener, die uns geliebt haben und schon gestorben sind, indem wir es uns gut gehen lassen.

17.

„Welche Geschenke wohl die anderen bekommen?“

Über die Eigenart einiger Mitmenschen, bloß den materiellen Wert von Geschenken zu sehen – und wie wir darauf reagieren könnten.

Für manche ist Weihnachten erst vorbei, wenn der erste Arbeitstag nach den Feiertagen überstanden ist und sie das beliebte Spielchen „Na, welche Geschenke hast *du* denn bekommen? Schau mal, was *ich* da habe …“ einigermaßen unbeschadet hinter sich gebracht haben. Denn für manche Kollegen und Bekannte scheint das Christfest keinen anderen Sinn zu haben, als möglichst eindrucksvolle Dinge zu verschenken bzw. damit anzugeben, wem sie etwas Teures geschenkt haben. Ein wenig erinnert das an jenen berühmt gewordenen Werbefilm, in dem sich zwei ehemalige Schulkollegen zufällig im Restaurant treffen. Kaum sitzen sie einander gegenüber, reißt der eine aus der Innentasche seines Jacketts drei Fotos und knallt sie, eines nach dem anderen, auf den Tisch: „Mein Haus. Mein Auto. Mein Boot.“ Eisiges Schweigen. Doch dann kontert der andere – mit sechs Fotos, darunter sein Swimmingpool und sein Pferd (ergänzt durch den Hinweis auf irgendeine Bank, die ihm zu alledem verholfen habe).

Bevor wir nun darüber den Kopf schütteln, empfiehlt es sich, ein wenig genauer hinzusehen. Denn sowohl Schenken wie Beschenktwerden sind eine ziemlich vertrackte Angelegenheit, setzen sie doch eine Vielzahl zwischenmenschlicher Dinge in Bewegung. So knüpft, wer etwas verschenkt, eine Beziehung zum anderen, die sich so schnell nicht mehr auflösen lässt: Er zeigt ihm seine Zuneigung oder seinen Respekt, indem er versucht, sich in ihn hineinzuversetzen; gleichzeitig erwartet der Schenkende eine Reaktion auf seine Freigebigkeit; das weiß der andere natürlich, weshalb der nun seinerseits dazu angeregt wird, etwas zu unternehmen – und immer so fort. Meist gelingt diese recht kompliziert klingende Verschenkerei ganz wunderbar und bringt zwei oder mehrere Menschen einander näher (ohne dass wir lange darüber nachdenken müssten).

Bei dem eingangs erwähnten Spielchen geht es um einen wichtigen, aber bei Weitem nicht um den einzigen Aspekt des Schenkens. Die lieben Kollegen und Bekannten, die sich danach erkundigen, was wir bekommen haben bzw. was wir uns die Weihnachtspräsente für die Familie haben kosten lassen, interessieren sich nur für die materielle Seite des Schenkens: Wer teure Geschenke bekommt, so lautet ihre einfache Gleichung, ist ein wichtiger und angesehener Mensch; und wer teure Geschenke macht, ist ... ebenfalls ein wichtiger und angesehener Mensch. Das war es auch schon. Ob die Uhr, die der Mann der Frau unter den Weihnachtsbaum legt, besonders schön war, eine bestimmte Bedeutung für sie hat oder die beiden an etwas Persönliches erinnert, mag bei der Auswahl eine gewisse Rolle gespielt haben, aber im Vordergrund steht der Umstand, dass sie eine hohe vierstellige Summe gekostet hat. Na, bin ich nicht ein ganz besonderer Typ?

Es gibt durchaus Anlässe, zu denen der materielle Wert und das Prestige von Geschenken eindeutig im Vordergrund stehen sollten. Bei politischen Anlässen zum Beispiel, bei denen ein Land dem anderen versichern will, dass es sich zu seinen Freunden zählt. Einigen wird vielleicht noch ein gutes Beispiel dafür in Erinnerung geblieben sein. Im November 1982 machte der damalige Chef der österreichischen Wirtschaftskammer, Rudolf Sallinger, dem amerikanischen Präsidenten Ronald Reagan ein besonderes Geschenk: einen Lipizzaner. Er hörte auf den vielsagenden Namen „Amadeus“ und wurde Reagan von Sallinger im Garten des Weißen Hauses überreicht, das heißt: Er drückte ihm dort die Zügel des Reittiers in die Hand. Reagan bedankte sich artig und sagte, er sei sehr dankbar dafür und sehe darin ein „Symbol für die große Freundschaft zwischen den beiden Nationen“. Und genau das war auch der Zweck der groß angelegten Aktion.

So sinnvoll imageträchtige Geschenke auf Staatsebene auch sein mögen, so verständlich und weit verbreitet der Spaß auf privater Ebene auch sein mag, sich mit anderen zu vergleichen (und bei diesen Vergleichen möglichst gut dazustehen) – so wenig hat all das im Zusammenhang mit dem Weihnachtsfest verloren. Am 24. Dezember stehen andere Aspekte im Vordergrund. Und zwar die privaten und emotionalen. Wie Sie die ein wenig mehr in den Vordergrund rücken können, davon nun mehr.

Ein paar Ratschläge

* Spielen Sie einfach nicht mehr mit

Um uns von dem alljährlichen Spielchen „Wer hat mehr bekommen – wer hat Teureres geschenkt?“ zu verabschieden, braucht es wenig und viel zugleich. Wenig, weil es die Angelegenheit von ein paar Sätzen ist, den anderen klarzumachen, dass man keine Lust auf diese Art von Vergleichen hat: Weihnachtsgeschenke? Das sei eine sehr private Angelegenheit, darüber wolle man nicht sprechen – aber alle Anwesenden könnten versichert sein, dass sie wunderbar und anrührend gewesen seien. Das müsste eigentlich reichen. Viel braucht es, weil wir mutig sein müssen, um uns die Teilnahme an einem Spielchen zu verwehren, welches die Mehrheit spielt. Das ist nicht leicht, war es nie und wird es nie werden.

Wir sollten aber nicht zu streng mit uns sein, wenn wir dennoch immer wieder bei Dingen mitmachen, obwohl wir sie im Grunde unseres Herzens nicht mögen. Wir Menschen sind eben „Herdenwesen", und das aus gutem, entwicklungsgeschichtlichem Grund: Wir waren viele tausend Jahre existenziell darauf angewiesen, uns an den anderen zu orientieren, uns dem gemeinsamen Willen anzuschließen. Wenn wir das nicht getan hätten, wären wir verhungert, vereinsamt, verloren gegangen und vom wilden Säbelzahntiger aufgefressen worden. Der Hang mitzumachen steckt uns also in den Genen (oder im Gedächtnis, was im Endeffekt aufs Gleiche hinausläuft). Das soll nun kein Aufruf sein, immer zu tun, was die anderen tun (ganz im Gegenteil). Der Hinweis soll nur erklären, warum es uns manchmal nicht leichtfällt, uns treu zu bleiben und zu tun, was nur wenige für richtig halten. Minderheiten-Entschlüsse zu fällen, ist anstrengend und macht einsam. Beides ist nicht angenehm. Und dennoch: Es gibt genug Beispiele von Menschen, die trotz breiten Widerstands ihren Ansichten treu geblieben sind. Und an sie sollten wir hin und wieder denken, wenn wir uns dazu entschließen, dem weihnachtlichen Konsum- und Schenkwettlauf eine Absage zu erteilen.

* Fühlen Sie sich *nicht* als Konsument

Dass Weihnachten zu einem Fest des Konsums geworden ist und Menschen damit angeben, sie hätten besonders teure Dinge bekommen, hat auch damit zu tun, dass man uns seit Jahren nur mehr als Konsumenten anspricht. Einmal abgesehen von Firmen und der Werbung, die ein logisches Interesse daran haben, können wir seit der Finanzkrise dauernd in der Zeitung lesen, der Konsum müsse angekurbelt werden, damit es mit der Wirtschaft wieder aufwärts gehe. Mit einem Wort: Wir sollen kaufen, kaufen, kaufen, damit nicht alles zusammenbricht. Wir haben das zwar nicht in die Tat umgesetzt (ein wenig bloß), viel wichtiger erscheint uns, dass dieses Bild ständig in unseren Köpfen wachgehalten wird. Es zeigt uns, wie wir ständig in die Geschäfte laufen, um möglichst viel von dem Zeug nach Hause zu schleppen – zum allgemeinen Nutzen. Das mag ökonomisch sehr sinnvoll sein, doch hemmungsloser Konsum macht weder glücklich noch erfolgreich, sondern hinterlässt, wie Untersuchungen gezeigt haben, ein schales Gefühl in uns. Kaufen macht – langfristig gesehen – traurig. Dagegen hilft nur, uns auf die wesentlichen Dinge des Lebens zu besinnen.

*** Wechseln Sie zum Sein**

Wir wollen nun nicht dem vollkommenen Konsumverzicht das Wort reden. Das wäre ebenso übertrieben wie die Vorstellung, nur wer ständig einkaufe, sei ein glücklicher Mensch. Die Wahrheit liegt in der Mitte, na gut, ein wenig unterhalb der Mitte. Es gibt unzählige Anleitungen dafür, wie wir dorthin gelangen können. Eine, die uns besonders zusagt, stammt von dem berühmten Psychoanalytiker Erich Fromm; er hat sie in seinem Buch „Haben oder Sein“ beschrieben. Darin unterscheidet er zwischen zwei Menschentypen, einem guten und einem nicht so guten. Letzterer will stets nur haben und zeichnet sich dadurch aus, dass er sich mit (toten) Dingen umgibt, sie konsumiert, wegwirft und dann neue kauft. Er empfindet keine Bindung zu ihnen, auch nicht zu seiner unmittelbaren Umgebung. Dieser Menschentyp nehme keine Rücksicht auf die Natur, den Umweltschutz und die Gesellschaft. Dieser Menschentyp wird genauso wie die Dinge, die er besitzt, während ihn gleichzeitig die Dinge besitzen. Der andere Menschentyp hingegen zeichnet sich dadurch aus, dass er im Sein seine Erfüllung findet. Er pflegt einen sorgsamen Umgang mit sich, den Dingen und den anderen, er konsumiert, aber im Einklang mit der Natur. Er ist dem Leben zugewandt. Welches Fest würde sich besser dazu eignen, um über diese beiden Möglichkeiten nachzudenken? Und sich für eine zu entscheiden?

Ohne auch nur ansatzweise so etwas wie Armut predigen zu wollen (unter der eine ganze Menge Menschen ganz real zu leiden hat), würden wir Ihnen noch gerne einen Gedanken mit auf eine mögliche Reise durch Ihre Vorstellungen geben: Es gibt die Würde der Bescheidenheit. Den bewussten Verzicht auf Dinge, die wir uns kaufen könnten, uns aber bewusst nicht leisten. Wie wäre es, das gesparte Geld in ein soziales Projekt zu investieren? Sich selbst zu engagieren? Wie das aussehen könnte – davon im Kapitel 11 mehr.

18.

„Müssen wir wirklich in die Kirche gehen?“

Über den Unwillen vieler Kinder, zu Weihnachten die Messe zu besuchen – und auf welche wunderbaren Gedanken uns diese Weigerung bringen kann.

Zur Tradition vieler Familien gehört es, am Weihnachtsnachmittag oder -abend in die heilige Messe zu gehen, ob nun in die katholische oder evangelische. Während wir Erwachsene in vielen Fällen so tun, als sei das alles ganz normal (obwohl wir nur recht selten in die Kirche gehen und mit der Liturgie nicht vertraut sind), ist es die Aufgabe der Kinder, die Sache auf den Punkt zu bringen: „Müssen wir wirklich in die Kirche gehen?“, quengeln sie. Und wir müssen uns eingestehen, dass sie nicht ganz unrecht und eine gute Frage gestellt haben. Müssen wir? Sollen wir? Was spricht dafür? Was dagegen? Diese Perlschnur an Fragen verweist nicht nur auf den religiösen Kern des Weihnachtsfestes, sondern konfrontiert uns mit etwas viel Größerem: Mit der ungeklärten Rolle, die die Religion in unserem Alltag spielt, mit dem Transzendenten, also all jenem, das jenseits der sichtbaren Welt existiert. Oder eben nicht existiert.

Wo beginnen mit unseren Überlegungen? Mit den aktuellen Entwicklungen in und um die katholische Kirche? Mit den Berichten über sexuelle Übergriffe auf Kinder und Jugendliche, derer sich Geistliche schuldig gemacht haben und für die sie lange Zeit nicht zur Verantwortung gezogen wurden? Mit den unschönen Berichten über die finanziellen Machenschaften des Vatikans? Mit der Doppelmoral der katholischen Kirche, am Zölibat festzuhalten, insgeheim jedoch die Kinder von Pfarrern finanziell zu unterstützen, solange sich diese nicht offiziell zu ihnen bekennen? Sollen wir mit all diesen unerfreulichen Dingen beginnen und sogleich einen radikalen Schlussstrich ziehen: Keine Kirche! Keine Religion! Ende der Debatte!

Nun, davon raten wir ab. Denn so naheliegend und verständlich diese Reaktion auch sein mag – wir sollten uns durch die Verfehlungen der Kirche nicht von unseren eigenen Grundüberzeugungen und Urbedürfnissen abbringen lassen. Vielmehr plädieren wir dafür, anlässlich des Weihnachtsfestes eine lebbare Antwort auf unsere Fragen zu finden: Darauf, wie wir es mit der Religion im Allgemeinen halten und mit dem Christentum im Besonderen.

In der psychischen Entwicklung von uns Menschen spielen der Glaube und die damit verbundene Transzendenz eine zentrale Rolle. Kinder glauben an den lieben Gott, der ihnen einen Schutzengel schickt, damit er sie auf Schritt und Tritt begleite; viele Kinder sehen im lieben Gott einen Gesprächspartner und Helfer in der Not. Kinder glauben an den Weihnachtsmann oder an den Nikolaus; diese sind über die guten und bösen Taten des vergangenen Jahres informiert, haben sie doch alles in ihrem großen Buch aufgeschrieben. Kinder glauben an den Himmel (und manche an die Hölle) und haben im Übrigen eine viel unkompliziertere Einstellung zum Tod als wir Erwachsene. Das Christkind bringt die Augen der Kinder zum Leuchten, lässt es sie doch wochenlang in der frohen Erwartung leben, dass es auch diesmal wieder viele Geschenke unter den Weihnachtsbaum legen wird.

Für uns Erwachsene stehen andere Fragen im Vordergrund: „Wie stark bestimmt der Glaube mein Leben? Soll er es überhaupt? Lohnt es sich in der heutigen Zeit überhaupt noch, an etwas zu glauben – und sich an die Religion gebunden zu fühlen?“

Die Entwicklungen der jüngsten Vergangenheit sind wenig geeignet, uns ein fröhliches „Ja“ nahezulegen. Angesichts der Finanzkrise, der Flut an negativen Informationen, des Ansehens, das rücksichtsloses Vorgehen in der Wirtschaft genießt, scheint es heillos naiv, sich auf ein religiös fundiertes Leben einzulassen. Empfehlenswert scheint es vielmehr, nur mehr auf den eigenen Vorteil zu achten und zu versuchen, die anderen auszutricksen. Moral? Gewissen? Das ist etwas für heillose Romantiker, für Weltfremde.

Die alles entscheidende Frage lautet freilich: „Kann uns eine bloß auf den persönlichen Vorteil ausgerichtete Lebenseinstellung glücklich machen?“ Aus der Sicht der Glücksforschung können wir diese Frage eindeutig beantworten. Und zwar mit: „Nein! Kann sie nicht.“ Was wir hingegen wirklich brauchen, welche Urbedürfnisse uns Menschen bestimmen und worauf wir unser Augenmerk legen sollten – all das zeigen uns die Erkenntnisse der Säuglingsforschung. Kleinstkinder benötigen nämlich vor allem Zuwendung, Aufmerksamkeit, Einfühlungsvermögen, Schutz, Geborgenheit, spielerischen Umgang und Begeisterung. Erst wenn wir uns ihnen auf diese Weise zuwenden, werden sie vor Freude strahlen, glucksen, lachen, strampeln.

Diese Grundbedürfnisse gelten auch für das Seelenleben Erwachsener, tragen wir doch alle das gleiche Urprogramm in uns. Natürlich sind wir „Großen“ in der Lage, negative Erlebnisse und Eindrücke zu verkraften, ohne – wie kleine Kinder – gleich schreien zu müssen oder in Tränen auszubrechen. Das ändert freilich nichts daran, dass wir eine stabile seelische Basis benötigen, um mit den Kränkungen und Schwierigkeiten des Lebens zurechtzukommen. Um diese Basis auszubilden, bedürfen wir einer möglichst großen Summe positiver Erlebnisse und Szenen, um sie in unserem Unbewussten zu speichern. Sie überstrahlen gleichsam die aktuellen negativen Berichte und Erlebnisse. Wir Erwachsene sind also ebenfalls von Zuwendung, Aufmerksamkeit, Einfühlungsvermögen und Liebe abhängig. Sie garantieren, dass wir Belastendes meistern können und glücklich bleiben. Es lohnt sich also, dem Positiven treu zu bleiben, um gleichzeitig das Negative als Realität anzuerkennen und zu überlegen, wie wir es wirkungsvoll bekämpfen können.

Mit unserer Sehnsucht, die grundlegenden religiösen und transzendenten Fragen zu klären, verhält es sich ebenso: Sie ist genauso tief in uns verwurzelt wie der Wunsch nach Liebe und Geborgenheit. So ist es nur folgerichtig, dass die meisten Menschen an ein höheres Wesen und ein Leben nach dem Tod glauben – wie immer sie es sich auch konkret vorstellen mögen. Mit diesem Glauben eng verknüpft ist die Frage nach dem Sinn unseres Daseins, denn es gehört zu unseren Urbedürfnissen, Sinnvolles zu tun – sei es im Beruf, in der Familie oder im Freundeskreis. Nur wenn wir eine persönliche Perspektive entwickeln, welchem (höheren) Zweck unser Leben dient, bekommen unser Tun, unsere täglichen Mühen eine Richtung. Erst wenn wir wissen, woran sich ein gelungenes Leben erkennen lässt, entwickeln wir die Energie, unseren Kindern eine möglichst gute Erziehung und Ausbildung angedeihen zu lassen; erst dann kämpfen wir um eine gerechtere Welt und ärgern uns über all jene Menschen, die andere ausnutzen oder übervorteilen. Alle unsere Bemühungen bekommen nur dann einen Sinn, wenn wir unser Tun als Beitrag sehen, den jede Generation leisten sollte – genauso wie bei einem Staffellauf, bei dem jede Generation ihren Teil zur Verbesserung der Welt beiträgt, um anschließend die Aufgabe an die nächste weiterzugeben.

Doch wir suchen nicht nur deshalb nach dem Sinn des Lebens, weil wir Orientierung brauchen, sondern auch, weil wir uns Antworten auf die größeren und ganz großen Fragen wünschen: Wie können wir das Gute vermehren und das Böse zurückdrängen? Warum muss es das Böse überhaupt geben? Was hält die viele Millionen Jahre dauernde Geschichte des Weltalls und der Erde zusammen? Worin besteht unsere konkrete Aufgabe hier auf Erden, wenn wir bedenken, wie lächerlich kurz unser Leben ist? So in etwa klingen sie, unsere großen Fragen – und ein jeder von uns kennt noch viele weitere.

Die Religionen können uns bei der Beantwortung dieser Fragen, bei der Suche nach dem Sinn des Lebens Halt geben, indem sie uns Erklärungen anbieten, Zusammenhänge herstellen, Glaubenssätze formulieren. Die letzte Gewissheit aber kann nur aus uns selbst kommen; dazu freilich braucht es unseren Kontakt zu Gott, zum Kosmos, zu einem Höheren, zum Licht, zur Unendlichkeit – oder wie auch immer die Begriffe lauten mögen, die wir verwenden, um das Transzendente zu bezeichnen.

Doch oft benötigen wir erst einen äußeren Anstoß, um uns mit diesen letzten Fragen zu beschäftigen, weichen wir ihnen doch im Alltag gerne aus, weil sie schwer zu beantworten sind und immer wieder zur Erkenntnis zurückführen, dass unser Leben kurz ist und wir eines Tages sterben müssen. Besser, wir beschäftigen uns erst gar nicht damit!

Wir können diese Hinwendung zur transzendenten Seite unseres Lebens immer wieder bei Patienten beobachten, die lebensbedrohliche Krankheiten wie Krebs haben: Sie erleben ihre Krankheit als einen radikalen Wandel ihrer Werte: Plötzlich sind sie dazu gezwungen, sich mit den letzten Fragen zu beschäftigen. Es ist ein wesentlicher Teil der medizinischen Fachrichtung namens „Psychoonkologie", also der Krebs-Psychologie, Patienten bei der Suche nach hilfreichen Antworten zu unterstützen. Es ist die Aufgabe von uns Psychologen, diese Menschen mit ihrem Schicksal zu versöhnen. Wir unterstützen den Patienten dabei, sich an jene schönen Dinge zu erinnern, die er erlebt hat, daran zu denken, was er Gutes getan hat und mit wem er sich verbunden fühlt. Auf diesem gemeinsamen Weg geht es darum, Achtung vor dem eigenen Leben zu entwickeln, aber auch darum, Abschied zu nehmen und loslassen zu können. So merkwürdig es klingt – dadurch erhält die lebensbedrohliche Krankheit einen Sinn. Sobald der Patient diesen angenommen hat, empfindet er das als eine große Befreiung; er erfährt einen Energieschub, der es ihm wieder möglich macht, die ihm verbleibende Zeit mit viel mehr Freude und Dankbarkeit zu erleben.

Ein paar Ratschläge

* Denken Sie gelegentlich wie Jedermann

Dazu müssen Sie nichts anderes tun, als sich in die Rolle Jedermanns zu versetzen, der Hauptfigur des gleichnamigen Theaterstücks Hugo von Hofmannsthals: Als es ans Sterben geht, kann der reiche Mann den Tod dazu überreden, ihm noch eine Stunde Zeit zu schenken. Sobald Sie die Welt aus den Augen Jedermanns sehen, wird sich Ihr Blick auf die Welt schlagartig ändern: Wie anders sieht doch alles aus angesichts der Endlichkeit unseres Lebens. Nur mehr eine Stunde bleibt uns! Plötzlich zählt das Geld, der Mammon, nichts mehr, vielmehr suchen wir nach Freunden, nach Beziehungen, nach Liebe; erst durch sie bekommt unser Leben Inhalt und Sinn. Doch sich ausschließlich auf die transzendenten Seiten unseres Lebens zu konzentrieren, genügt nicht. Wir müssen versuchen, auch der Lebensfreude einen Platz zu geben, sodass sich die beiden Pole die Waage halten.

Um sich zu verdeutlichen, welche große Rolle die schönen Dinge in unserem Leben spielen, denken Sie zum Beispiel an Sportarten wie Fußball oder Tennis. Im Grunde ist es sinnlos, hinter einem Ball herzulaufen, um zu versuchen, Tore zu schießen oder Punkte zu machen. Nichts davon bringt die Welt weiter. Und doch faszinieren diese Sportarten nicht nur jene Menschen, die sie ausüben, sondern auch Millionen unbeteiligter Zuseher. Warum bloß? Es ist die pure Freude am Spiel, die alle beflügelt und in ihren Bann zieht (dass man dabei auch etwas für die Gesundheit tut, zählt zwar auch, gilt jedoch bloß für die Sportler selbst).

Die Lehre daraus: Achten Sie darauf, der Freude und dem Spaß in ihrem Leben den angemessenen Platz zu geben; gehen Sie Ihren geliebten Hobbys nach, musizieren Sie, singen Sie, spielen Sie in einer Theatergruppe mit, treffen Sie Ihre Freunde, spielen Sie oder genießen Sie die einfachen Dinge des Lebens – und wenn sie nur darin bestehen, morgens eine Dusche zu nehmen oder abends in Ihrem Lieblingscafé zu sitzen und ein Glas zu trinken. Wer seinem Leben Sinn geben will, sollte mit den kleinen Dingen beginnen.

* Lassen Sie 200 Jahre vergehen

Um uns großen Fragen besser widmen zu können, ist es hilfreich, ein wenig Distanz zu gewinnen. In der Psychotherapie-Methode namens Psychodrama machen wir dazu gerne folgende Übung: Stellen wir uns gemeinsam einfach vor, wo wir in 200 Jahren sind. Der wichtigste Unterschied zu heute besteht darin, dass wir dann bereits alle tot sind. Lassen Sie sich emotional auf diesen Zustand ein. Und, wie fühlt sich das an? Die meisten Menschen, die an dieser Übung teilnehmen, empfinden Wärme, Ruhe und Entspannung, sie sehen Licht, manche auch sich selbst als Seele, die emotional auf ihre Lieben auf der Welt bezogen ist. Nur wenige Teilnehmer spüren gar nichts oder beharren auf der Feststellung, dass in 200 Jahren einfach alles aus und vorbei sein werde.

All diese Themen können Sie auch mit Ihren Kindern besprechen; sie haben ein natürliches Interesse an Glaubensfragen und an der Suche nach dem Sinn des Lebens. Außerdem sind Kinder dazu in der Lage, Dinge einfach zu glauben; sie fordern daher auch keine Beweise für den Wahrheitsgehalt unserer Aussagen. Sie besitzen jedoch ein sehr gutes Gespür dafür, was gut und böse ist.

* Gehen Sie am Weihnachtsabend in die Kirche

Kinder brauchen ebenso Rituale wie Erwachsene. Diese geben unserem Leben Halt und machen es berechenbar. Rituale gibt es seit jeher, sie sind selbstverständlicher Bestandteil unseres Lebens und unserer Kultur, sie verbinden uns mit unseren Vorfahren, weil auch sie ihnen bereits gefolgt sind. Wenn Sie also mit Ihren Kindern einige der angeführten Fragen besprochen haben, Sie Ihre (unterschiedlichen) Auffassungen ausgetauscht haben, dann steht einem Besuch der Messe nichts mehr im Wege. Und er wird mehr sein als ein leeres Ritual – vielmehr wird er Ihr gemeinsames Bündnis erneuern, das Sie durch Reden über all diese schwierigen Fragen geschlossen haben.

Die Frage danach, ob es sinnvoll ist, zu Weihnachten in die Kirche zu gehen, gibt uns also die Möglichkeit, uns mit unserem religiösen Verständnis zu beschäftigen. Welche konkreten Schlüsse wir ziehen, wie wir das Weihnachtsfest einordnen, ist freilich jedem von uns überlassen. Von unserer Seite nur so viel: Uns anlässlich des Weihnachtsfestes auf eine lange religiöse Tradition einzulassen, kann zu einem einmaligen, lebendigen Erlebnis werden; es kann uns die Möglichkeit geben, sich auf das Positive zu besinnen, auf die Kraft, auf den Optimismus und auf die Verbundenheit miteinander.

19.

„Wer soll denn nun zu Weihnachten kommen: das Christkind oder der Weihnachtsmann?“

Über eine Frage, die sich bei näherer Betrachtung als weniger wichtig herausstellt, als wir glauben – und wie wir beides in Einklang bringen können (ein wenig zumindest).

Unser Leben ändert sich ständig; wie stark, das merken wir daran, dass es selbst bei der Frage, wer denn nun am Weihnachtsabend zu den Kindern kommen soll, verschiedene Auffassungen geben kann. Sie glauben uns nicht? Fragen wir also jemanden, der es wissen muss. Am besten Patrick. Patrick ist nicht nur ein Freund, sondern zudem der Sohn einer französischen Mutter und eines österreichischen Vaters. Seine Eltern haben sich in Paris kennen- und lieben gelernt, weshalb er seine ersten Lebensjahre ebenda verbracht hat. Verständlicherweise hat er auch die dortige Weihnachtstradition lieb gewonnen. Und die sieht so aus: Die Geschenke bringt der Weihnachtsmann, und zwar in der Nacht vom 24. auf den 25. Dezember. Das führt dazu, dass es am 24. nachmittags in den Familien ganz normal zugeht, während am Christtag die Kinder glänzende Augen bekommen.

Mittlerweile ist Patrick erwachsen geworden, nach Österreich übersiedelt, mit einer Österreicherin verheiratet und hat drei Kinder. Das hatte zur Folge, dass nunmehr zu Weihnachten das

Christkind kommt, und zwar am 24. Dezember am frühen Abend – und zwar mit allen Geschenken; am 25.12. hingegen geht es zu wie in Frankreich am 24.12. Patrick genießt das alljährliche Fest, feiert es gemeinsam mit seiner Liebsten, liebt den österreichischen Christbaum, das österreichische Essen. Doch tief drinnen in seinem Herzen trauert er immer noch seiner französischen Weihnachtstradition nach, dem freundlichen älteren Herrn, der am 25.12. zu Besuch kommt.

Wer noch nicht ganz davon überzeugt ist, dass Traditionen nicht so unumstößlich sind, wie wir sie gerne hätten, den wird ein Blick in die Geschichte überzeugen. Glauben wir zumindest. Denn das Christkind, das heute vielen als der einzig wahre Überbringer von Geschenken gilt, dominiert das weihnachtliche Geschehen im katholischen Österreich erst seit rund 110 Jahren (in Worten: einhundertzehn). Bis zur vorletzten Jahrhundertwende war es üblich, dass die Kinder am Nikolaustag (also dem 6.12.) oder am Tag der Unschuldigen Kinder (dem 28.12.) beschenkt wurden – und zwar durch den heiligen Nikolaus. Außerdem ist das Christkind eine Erfindung der Protestanten! Weil nämlich Martin Luther, der große Reformator, die katholische Heiligenverehrung ablehnte, musste auch der heilige Nikolaus weichen; Luther ersetzte ihn einfach durch das Christkind, das von nun an die Bescherung im evangelischen Deutschland übernahm, und zwar am 25. Dezember. Mit der Zeit breitete sich das reformatorische Christkind auch in katholischen Ländern aus – mit dem Ergebnis, dass es heute Vereine gibt, die das Christkind gegen den Vormarsch des Weihnachtsmannes verteidigen, weil es doch so typisch für das katholische Christfest sei. So kann man sich täuschen.

Dass sich ständig alles ändert, gilt auch für den heiligen Nikolaus, genauer für dessen langjährigen Begleiter. Wie sich die etwas älteren unserer Leser erinnern werden, trat der freundliche Herr mit dem langen weißen Bart, der Bischofsmütze und dem roten Mantel nie ohne den Krampus auf. Der trug meistens eine schwere Eisenkette bei sich, mit der er eindrucksvoll rasselte; ganz zu schweigen von seiner Rute und den wirklich beängstigenden Knurrlauten, die er ausstieß. Wir denken mit äußerst gemischten Gefühlen an diesen Gesellen zurück, den wir fürchteten und der uns bis in unsere Träume hinein verfolgte. Heutzutage spielt der Krampus kaum mehr eine Rolle, die Tage, in denen er Kinder in Angst und Schrecken versetzte, sind offensichtlich vorbei (das Einschüchtern übernehmen heute andere, zum Beispiel Filmregisseure oder Umweltsünder, aber das ist ein anderes Thema).

Diese kurzen Überlegungen führen uns zu einem ersten, ebenso kurzen Resümee: Wenn in unserer Familie die Frage auftaucht, ob denn nun das Christkind kommen soll oder der Weihnachtsmann, so ist das kein Ausdruck einer Krise – sondern ziemlich normal. Die Debatte beweist keinesfalls, dass unsere Traditionen zerbröseln oder unsere Kinder jede Mode mitmachen, die aus Amerika oder sonst wo herkommt. Vielmehr ist die Frage Ausdruck eines fröhlichen Kultur- und Religionsmischmaschs, gegen den nur etwas einwenden kann, wer die Augen vor der Geschichte verschließt. Die Welt verändert sich, und mit ihr so hohe Feste wie jenes, das wir am 24.12. feiern. So ist es eben. Und: Es soll uns nichts Schlimmeres passieren.

Doch wie dem auch sei – noch interessanter als die Herkunft unserer weihnachtlichen Hauptdarsteller ist deren Wesen und wie es auf uns wirkt. So können wir im Christkind mehrere Werte und Stärken erkennen. Einerseits verbinden wir mit ihm die kindliche Unschuld, die Reinheit und das Gute, ist es doch von engelsgleicher Erscheinung. Wenn wir ganz genau hinsehen, werden wir entdecken, dass das Christkind eindeutig weibliche Züge zeigt, wird es doch stets mit Locken dargestellt. Außerdem trägt es ein weißes Kleid und hat meist Engelsflügel auf dem Rücken. Das Christkind hat sorgende, liebevolle Züge, ohne dass wir es mit weiteren weiblichen Eigenschaften in Verbindung bringen würden. Andererseits (und im Gegensatz zu seinem kindlichen Anteil) strahlt das Christkind große Macht aus, bringt es doch Gaben und Geschenke; außerdem hat es die Fähigkeit, Liebe und Glanz zu verbreiten – und bleibt dabei stets unsichtbar. Höchstens eine Spur von Engelshaar auf dem Christbaum deutet darauf hin, dass es durchs Zimmer geflogen sein könnte. Das Christkind erfüllt alle unsere kindlichen Wünsche, ohne dass wir dafür irgendetwas leisten müssten. Es verwöhnt uns und beschert uns das seltene Gefühl, einmal nicht beurteilt zu werden.

Weil wir selbst eine Zeit lang diesem Irrtum unterlegen sind, wollen wir in diesem Zusammenhang noch kurz auf etwas Wichtiges hinweisen: Manche glauben, das Christkind und das Jesuskind seien ein und dieselbe Person. Das ist wahrscheinlich nicht so gemeint gewesen, sondern das Christkind sollte ein eigenständiges Symbol sein. Obwohl: Ganz so genau können wir das nicht wissen, denn Martin Luther, der ja das Christkind „erfunden" hat, könnte durchaus die Nähe der beiden Personen beabsichtigt haben; aber das wird sich, wie vieles andere auch, nicht mehr zweifelsfrei klären lassen.

Von ganz anderem Äußeren ist hingegen der Weihnachtsmann. Er symbolisiert eine väterliche Figur, die ebenfalls einige unserer archaischen Sehnsüchte anspricht: Wer sehnt sich nicht nach einem gütigen, weißhaarigen, bärtigen Mann, der nur unser Bestes im Sinn hat, der zweifellos viel Macht besitzt, sie aber stets nur im Sinne der Liebe einsetzt? Außerdem weiß der Weihnachtsmann immer ganz genau, dass wir uns das neue iPad bzw. das besondere Paar Schuhe bzw. das Star-Wars-Raumschiff wünschen, ohne dass es dafür eines Wortes bedurft hätte. Wie wunderbar!

Auch der Weihnachtsmann hat eine bewegte Geschichte hinter sich, bis er zu dem wurde, was er heute ist. Eines gleich vorweg: Das Gerücht, dass der Coca-Cola-Konzern den Weihnachtsmann erfunden hat, ist völliger Unsinn. Als die Manager des Unternehmens auf die Idee kamen, alljährlich mit einem freundlichen, weißbärtigen Mann für ihre Brause zu werben, gab es Santa Claus bereits. Wer das nicht glaubt, kann im „Struwwelpeter“ nachsehen, dem berühmten Kinderbuch aus dem Jahr 1845: Darin findet sich ein rot bekleideter Herr mit langem Bart und Mütze, der eben dabei ist, einige Kinder in ein Tintenfass zu stecken, weil sie sich über einen Mohren lustig gemacht haben. Vielen gilt diese Darstellung als einer der Ur-Weihnachtsmänner. Bis sich zu Beginn des 20. Jahrhunderts der uns geläufige Weihnachtsmann durchsetzen konnte, kursierten noch viele Varianten von ihm. Als Vorbild für die Figur diente jedenfalls der heilige Nikolaus.

Wir sehen: Auch hier herrscht ein fröhliches Durcheinander, das die Frage nach etwaigen „Originalen“ ziemlich sinnlos erscheinen lässt.

Ein paar Ratschläge

* Alles fließt – fließen Sie mit

Wie uns der kurze Blick auf die Geschichte unserer geliebten Weihnachtssymbole gezeigt hat, gibt es keine jahrhundertelange Tradition, auf die sich jemand berufen könnte, um seine Vorstellungen von „richtigen“ Weihnachten durchzusetzen (einmal abgesehen davon, dass Traditionen, zu deren Einhaltung man andere zwingen muss, nicht viel wert sind).

Es liegt also in unserem persönlichen Ermessen, welcher der beiden Personen wir den Vorzug geben. Bedenken Sie dabei, dass wir – vor allem in solchen Fragen – stark durch unsere Kindheitserinnerungen und -erfahrungen geprägt werden. Erinnern Sie sich bitte an unseren eingangs zitierten Patrick. Es wäre nicht die erste Situation, in der wir am besten einen freundlichen Kompromiss schließen sollten. Jeder soll sich an jene Person wenden, die ihm am nächsten und liebsten ist. Auch die Sache mit dem „richtigen“ Zeitpunkt für die Bescherung müsste sich mit ein wenig gutem

Willen hinbekommen lassen. Wenn es einen Konflikt geben sollte, der ähnlich gelagert ist wie der österreichisch-französische, einfach zweimal Bescherung machen: am 24. und am 25. – *das* Kind wollen wir sehen, das dagegen etwas einzuwenden hätte.

* Folgen Sie der Flugbahn des Weihnachtsmannes

Für verspielte Gemüter gibt es die Möglichkeit, die Flugbahn des amerikanischen Weihnachtsmannes zu verfolgen. Auf der Homepage www.noradsanta.org bietet das „North American Aerospace Defense Command" entsprechende Informationen an. Wem der Betreiber der Seite suspekt ist, weil er eindeutig militärischer Herkunft ist, dem raten wir, die Sache anders zu sehen: Besser, das Militär beschäftigt sich mit solchen harmlosen Spielereien, als seinem eigentlichen Gewerbe nachzugehen.

* Denken Sie auch an die Gehilfen von Christkind und Weihnachtsmann

Wir sind uns nicht ganz sicher, ob Sie es wissen, aber: In Wirklichkeit ist die Existenz von Christkind und Weihnachtsmann ziemlich ungesichert. Es ist zwar sinnvoll, an sie zu glauben (vor allem für unsere Kinder), aber uns erscheint es sinnvoll, dass Sie den beiden ein wenig helfen – vor allem, was die Geschenke betrifft. Kümmern Sie sich also möglichst um viele wunderbare Präsente für Ihre Liebsten, verstecken und verpacken Sie sie, schmücken Sie den Christbaum und verbergen Sie auch ihn vor den Blicken Ihrer neugierigen Kinder. Und auch der Heilige Abend wird nur dann sicher gelingen, wenn Sie Vorsorge treffen und sich nicht vollkommen auf die beiden Personen verlassen: Läuten Sie das Glöckchen, damit die Kinder ins Zimmer stürmen dürfen. Sorgen Sie dafür, dass die Kerzen brennen und Wunderkerzen angezündet werden, dass es einen wunderschön geschmückten Weihnachtsbaum gibt, die Geschenke bereitliegen, Weihnachtslieder erklingen und sich Staunen, Ergriffenheit und Dankbarkeit breitmachen können.

Weil das alles aber ziemlich anstrengend ist, wollen wir Sie an dieser Stelle an einen Satz aus der Bibel erinnern. Er lautet: „Liebe deinen Nächsten wie dich selbst". Er bedeutet, dass wir ebenso liebevoll auf uns selbst achten sollen wie auf die anderen. Leider sind wir gerade in stressigen Zeiten geneigt, diesen Ratschlag zu vergessen. Besser, wir spielen auch für uns selbst Christkind oder Weihnachtsmann und vergessen nicht, uns liebevoll zu verwöhnen. Auch wenn es ehrenvoll ist – es sollte nie darum gehen, sich für andere aufzuopfern, auch nicht in der Weihnachtszeit. Nicht ohne Grund genießt ein Begriff wie Nachhaltigkeit großes Ansehen. Er deutet darauf hin, dass Lösungen auch über längere Zeit Bestand haben müssen. Wer sich jedoch aufopfert, riskiert sich zu verbrauchen, ins Defizit zu kommen – und schließlich selbst Zuwendung von anderen zu benötigen. Da ist es doch viel vernünftiger, die alte Bauernregel zu beachten: „Willst du, dass deine Kuh viel Milch gibt, musst du sie gut füttern und pflegen."

Das heißt: Wenn Sie Ihren Liebsten über lange Zeit Gutes bescheren wollen, dann sollten Sie gut auf sich selbst achten. Sonst laufen Sie Gefahr, dass Sie gerade dann, wenn das Weihnachtsfest beginnen soll, überfordert, gereizt und aggressiv reagieren. Sie sollten den anderen lieber einen ausgeruhten und liebevollen Menschen schenken! Na gut, ein halbwegs ausgeruhter und liebevoller tut es auch.

20.

„Wir können uns ja nicht einmal darüber einigen, wie der Christbaumschmuck aussehen soll!“

Über die Frage, wie „richtige“ Weihnachten aussehen sollen – und was vier Christbäume, die unterschiedlicher nicht sein könnten, dazu zu sagen haben.

Es gibt ganz offensichtlich zu allen Themen dieser Welt eine Umfrage, also auch dazu, worüber wir uns anlässlich des Weihnachtsfestes besonders gerne streiten. An erster Stelle stehe die konfliktträchtige Frage, wo man die gemeinsamen Feiertage verbringen soll; das hat man im Auftrag der Internet-Partnerbörse „Parship“ herausgefunden. An zweiter Stelle folgt das Thema „Weihnachtsdekoration“ – gefolgt von der Frage, wie man sich die Arbeit bei der Vorbereitung des Festes teilen soll, wer hinterher putzt, welche Weihnachtsmusik gespielt werden soll, ob am Heiligen Abend der Fernsehapparat eingeschaltet werden darf, ob man in die Kirche gehen, was am 24.12. gegessen werden soll, wer zu den Feiertagen kocht und was man zu den Feiertagen anziehen soll.

Um welchen konkreten Streitpunkt es auch immer gehen und welchen Platz er in dieser Hitliste auch einnehmen mag – das ist unserer Ansicht nach nicht entscheidend. Es geht, so sind wir uns sicher, nur vordergründig um die Frage, ob der Christbaum mit

Äpfeln und roten Bändern geschmückt werden soll oder doch besser mit Patienceringen und Wunderkerzen. In Wirklichkeit drehen sich all diese Streitereien um die Frage: Wie sehen richtige Weihnachten aus? Und: Wer bestimmt darüber?

Wir haben uns mit diesem Problem bereits beschäftigt, so zum Beispiel im vorhergehenden Adventsfensterchen. Dabei haben wir versucht, gute Argumente für die These zu finden, dass sich auch unumstößlich scheinende Traditionen ändern – und es daher keinen Sinn hat, über „richtige" oder „falsche" Weihnachtsbräuche zu streiten. Es gibt diese absoluten Regeln nicht, alles ist relativ. Die einzige Chance, friedliche Feiertage zu erleben, besteht daher darin, Kompromisse zu suchen – und möglichst zu finden.

Da es uns Menschen aber manchmal leichterfällt, mit Hilfe kleiner Märchen etwas zu lernen (anstatt durch kluge Argumente), versuchen wir es in diesem Fall genau damit. Hier also die Geschichte von den vier Christbäumen, die sich nicht darüber einigen konnten, welcher der schönste, beste und echteste war. Die abschließenden Ratschläge entfallen diesmal, denn es ist klar, worauf wir zusteuern, aber alles der Reihe nach.

Die vier Christbäume

Es waren einmal vier Christbäume, die konnten sich nicht darüber einigen, wer der schönste und beste sei. Hätte jemand dem Gespräch gelauscht, das sie da führten – er wäre zu keinem abschließenden Urteil gekommen, so klug und einleuchtend sprach ein jeder der vier.

Der ganze Streit hatte damit begonnen, dass sich der erste Christbaum reckte und streckte, um sich möglichst groß zu machen und eindrucksvoll zu wirken. Dann sagte er: „Ich bin eindeutig der Schönste von uns vieren, denn an mir ist kein Gramm überflüssiges Beiwerk. Ich bin die lebende Schlichtheit, der Vertreter der großen Tradition des klassischen Weihnachtsschmucks. Seht her! Wie sie mich kleiden, die Äpfel an den roten Schleifen, die Nüsse, die Strohsterne und die aus Bienenwaben gefertigten Kerzen. Riecht, wie sie duften, seht, wie schlicht und würdig ich aussehe." Er machte eine kunstvolle Pause. Dann setzte er hinzu: „Überflüssig, weitere Worte zu verlieren! Ich bin, was ich bin – und zwar die Quintessenz von Weihnachten." Einmal abgesehen davon, dass er ein eingebildeter Baum war, eitel, selbstgefällig und autoritär, hatte er recht. Wie er so dastand, sah er aus wie einer jener Weihnachtsbäume, die die Zimmer der besten Familien schmückten.

Doch die Widerrede ließ nicht lange auf sich warten. „Wie langweilig du doch bist!", sagte der zweite Christbaum. „Die armen Kinder! Stell dir nur vor, wie sie enttäuscht vor dir stehen, wenn sie nach Süßigkeiten suchen, nach Wunderkerzen, nach all den anderen schönen Dingen, die sie erwarten. Das kann ihnen bei mir nicht geschehen. Daher trage ich auch wunderschöne Christbaumkugeln, kleine Figürchen aus Holz, Schaukelpferde und Schneemänner, aber auch in rosa und himmelblaues Seidenpapier gewickelte Süßigkeiten, Schokoladekugeln und Pralinen. Und hier, die bunten Geleeringe, das Windgebäck, die Patiencen, die Schnapsfläschchen. Mein Lametta lässt mich glitzern, ebenso die vielen weißen Kerzen in ihren silbernen Haltern. Und ganz oben, auf meiner Spitze, da prangt ein goldener Stern, denn ging nicht damals, als Jesus geboren wurde, über Bethlehem auch ein goldener Stern auf?"

„Kinder, Kinder", meldete sich da der dritte Christbaum zu Wort: „Alles schön und gut – aber ihr seid sooo berechenbar. Der eine der Klassiker, der andere der Kinderbaum. Nehmt euch doch ein Beispiel an mir! Ich bin eine einzige Überraschung. Und ein durch und durch zeitgenössischer Baum, weil man an mir erkennt, dass wir in einer globalisierten Welt leben. Wie findet ihr meine Christbaumanhänger aus der ganzen Welt? Na? Die Kamele aus Ägypten, die Figürchen aus Afrika, das winzige Spielzeug aus Asien? Das nenne ich Internationalität!“ Sagte es und schüttelte sich ein wenig, sodass die vielen kleinen Dinge an ihm leise klirrten und schnarrten und klapperten. „Die Leute, die mich schmücken, denken nicht bloß einmal im Jahr an mich. Vielmehr sammeln sie ständig Andenken aus aller Welt, um mich mit ihnen schmücken zu können. Wer mich betrachtet, der kann gleich zweierlei tun: dutzende Kleinigkeiten entdecken und sich an die vielen Reisen und Gelegenheiten erinnern, anlässlich derer mein Schmuck zusammengetragen wurde. Na, wie findet ihr das? Da seid ihr sprachlos, was?“

„Ha, von wegen!“, meldete sich da der vierte Christbaum, „da musst du dir schon etwas Überzeugenderes einfallen lassen! Mich zeichnet nämlich etwas aus, an das ihr drei keine einzige Sekunde gedacht habt: Ich bin der umweltbewussteste Christbaum, ja! Und zwar mit Abstand! Meinetwegen muss nämlich kein lebender Baum abgesägt werden, denn ich bin aus Kunststoff gefertigt. Manche nennen es auch abfällig Plastik, ich weiß – aber da stehe ich drüber. Bevor jetzt irgendeiner von euch Schlaumeiern darauf hinweist, dass es eine Zeit dauert, bis sich ein künstlicher Baum wie ich auszahlt – das ist mir bewusst! Rund zehn Jahre muss ich halten, damit ich mich rentiere. Aber acht davon habe ich schon hinter mir und meine Besitzer machen nicht den Eindruck, als wollten sie mich in den verbleibenden zwei Jahren ruinieren. Ihr tut mir einfach nur leid, weil ihr binnen weniger Wochen vertrocknet und spätestens zu den Heiligen Drei Königen auf dem Biomüll endet. Mir sieht man es hingegen kaum an, dass ich aus Kunststoff bin, ha! An mir brennen viele elektrische Lampen, auch das hat einen großen Vorteil: Ich kann nicht Feuer fangen und eigne mich daher besonders gut für ältere Menschen. Auch an mir kann wunderschöner Christbaumschmuck hängen, Strohsterne oder glitzernde Kugeln wie diese hier. Sie bestehen aus Muranoglas.“

So ging es dahin. Ein Wort gab das nächste, das Gespräch wogte hin und her, wurde lauter und leiser, während es draußen zügig dämmerte. Es war der erste Christbaum, der schließlich zur Besinnung mahnte: „Freunde“, sagte er, „wenn wir so weitermachen, versäumen wir noch den Heiligen Abend – dann hat vielleicht einer von uns recht bekommen, aber wir haben versagt, weil wir unsere wichtigste Aufgabe nicht erfüllt haben.“ Die anderen drei hielten inne. Der zweite Baum grummelte, der vierte raschelte ein wenig mit seinen Zweigen. Nach ein paar Minuten Schweigen meldete sich einer der vier zu Wort – welcher es war, konnte man in der Dunkelheit nicht mehr erkennen. „Stimmt, wir sollten zusehen, dass wir in unsere Familien kommen. Das wäre ein trauriges Fest, wenn wir fehlen, oder?“ Die anderen brummten zustimmend. Langsam machten sie sich auf die Reise.

Wenn man ganz genau aufpasste, konnte man noch hören, wie die vier miteinander tuschelten und kicherten: „... nicht schlecht, dein ägyptisches Krokodil ... tauschst du einen deiner Äpfel? ... gegen das rosa Zuckerl? ... lieber das hellblaue? Von mir aus ... he, Freunde, schaut mal, da vorne der Baum, auf dem hängt ein Quirl und ein paar Wäscheklammern ... Sachen gibt’s ... na denn ... bis zum nächsten Jahr und: schöne Weihnachten! Strengt euch an!“

21.

„Warum kann Weihnachten nicht so romantisch und märchenhaft sein wie früher?"

Über unsere nicht ganz zuverlässigen Erinnerungen an das schönste Fest des Jahres und die eine oder andere Möglichkeit, uns in die damalige Zeit zurückzuversetzen.

Ja, sooo muss Weihnachten sein, genau sooo! Kurz vor dem Fest „gab es Frost, und mit einem Mal fing es an zu schneien, dass es eine Freude war. Es schneite über ganz Katthult und über ganz Lönneberga und über ganz Småland, bis alles unter einer einzigen Schneedecke lag. Die Zaunlatten ragten gerade noch heraus, sodass man sehen konnte, wo die Wege waren." Nach einem Jahr voller Arbeit kehrt langsam Ruhe ein, die Menschen kommen zu sich und widmen sich der Vorbereitung des Weihnachtsfestes. Geruhsam, beschaulich und mit Liebe zum Detail. Kaum wird es dämmrig, werden die Petroleumlampen angesteckt, versammeln sich die Mitglieder der großen Familie um den hölzernen Tisch in der Küche und ein jeder geht seiner Beschäftigung nach. Die Großmutter erzählt schaurige Geschichten über Wölfe, die Kinder hören ihr gespannt zu, der Vater repariert Dinge des täglichen Bedarfs, während die Mutter mit der Vorbereitung des Weihnachtsfestes beschäftigt ist. Anderntags macht sich der Knecht gemeinsam mit den Kindern auf in den Wald, um einen Weihnachtsbaum zu schlagen, ihn auf den Schlitten zu packen und durch den tiefen Schnee nach Hause zu transportieren ... Ja, sooo muss die Adventszeit sein und wer wissen will, wie die stillste Zeit des Jahres idealerweise ihren weiteren Verlauf nimmt, der muss nur Astrid Lindgrens Buch über den Katthulthof lesen, auf dem Michel aus Lönneberga lebt und seine Streiche spielt.

Lesen wir solche oder ähnliche Schilderungen, seufzen die meisten von uns – und wissen aus eigenen Kindertagen Ähnliches zu berichten: von Rodelfahrten, vom lustvoll-unerträglichen Warten in den Wochen vor dem Weihnachtsfest, der grenzenlosen Freude über manches Geschenk, vom Duft des Christbaums und der frisch gebackenen Plätzchen, dem Trubel auf dem Weihnachtsmarkt, der Scheu vor dem Nikolaus und dem Krampus, dem Wunder der Wunschzettel, die von den Fenstersimsen verschwunden waren, wohl abgeholt von einem Engel, kurz: Die meisten von uns wissen von jenem Zauber zu berichten, in den das Fest gehüllt war und an den wir sehnsüchtig zurückdenken. „Warum", seufzen dann die meisten, „kann das heute nicht auch noch so sein? So verwunschen? So romantisch? So kindlich?"

Gute Frage. Warum bloß? Darauf gibt es ein paar ernüchternde Antworten, die freilich – und das ist das Tröstliche an ihnen – nicht bedeuten, dass es für immer vorbei sein muss mit dem Gefühl der Romantik. Ganz im Gegenteil: Es gibt die eine oder andere Möglichkeit, unserer kindlich-romantischen Welt einen Besuch abzustatten und Weihnachten wieder als das zu erleben, was es einmal für uns war. Dazu freilich sollten wir wissen, wo wir heute stehen, von welchem Ort aus wir die Reise antreten.

Dass wir uns nach Romantik sehnen, nach idyllischen Tagen, weit entfernt von der ernüchternden Gegenwart, ist mehr als verständlich, denn: Unser Alltag ist das gerade Gegenstück dazu. Das ganze Jahr über müssen wir funktionieren, Verantwortung tragen, erwachsen sein, vernünftig und mutig, auch dann, wenn uns gar nicht danach zumute ist. Für so etwas Uneffektives wie Gefühle oder Träume haben wir keinen Platz. Wie falsch wir doch orientiert sind! Denn die Sehnsucht nach dem Märchenhaften und nach Romantik sollten wir nicht bloß einmal im Jahr zur Weihnachtszeit stillen, benötigen wir sie doch, um unsere Seele zum Blühen zu bringen. Das Märchenhafte und die Romantik verhelfen uns zu Kreativität, Lebendigkeit, Träumereien, Offenheit für neue Ideen, Liebesfähigkeit und Verbundenheit mit anderen Menschen. Sie schaffen jene lebensnotwendige Luft, die unsere Seele braucht, um atmen zu können.

Doch während wir als Erwachsene dem Märchenhaften kaum mehr Platz geben in unserem Leben, gab es eine Zeit, in der wir an übernatürliche Wesen glaubten. Entweder schätzten wir sie, weil wir fest davon überzeugt waren, dass sie uns sicher durchs Leben leiteten; oder wir fürchteten sie, weil wir Angst hatten, sie könnten uns böse gesinnt sein. Diese Zeit dauerte bis zur Mitte der Volksschule (Grundschule), denn bis zu diesem Zeitpunkt sind Kinder eingesponnen in den Glauben an das Christkind, den Osterhasen, den Nikolo, gehen sie davon aus, dass es auch Geister und Gespenster gibt. Diese kindliche Art, sich die Welt zu erklären, bezeichnet die Psychologie als magisch-animistisches Denken. Der erste Schritt in die Desillusionierung beginnt, wenn die Kinder vom Auftritt des Nikolos nicht mehr ergriffen sind, sondern sich dessen Kleidung etwas genauer ansehen – um zu entdecken, dass der Nikolo interessanterweise dieselben Schuhe trägt wie Onkel Max und auch seine Stimme verdammt ähnlich klingt wie die seine.

Doch nicht von der Entzauberung der Welt wollen wir hier erzählen. Das besorgen wir schon selbst und sehr gründlich noch dazu. Wir wollen vielmehr sehen, wie wir ein wenig jenes Zaubers wieder einfangen können, der Weihnachten einmal auszeichnete. Doch bevor es so weit ist, sollten wir noch einen kurzen Blick auf die Verlässlichkeit unserer eigenen Erinnerungen werfen, denn wer weiß, wie die Bilder zustande gekommen sind, die wir mit unserer Kindheit assoziieren?

Wenn wir den Erkenntnissen der Hirnforschung glauben können, dann sind wir schlecht beraten, dasselbe mit unseren Erinnerungen zu tun. Die seien nämlich alles andere als verlässlich. Unser Gehirn verfahre mit dem Inhalt unseres Gedächtnisses höchst willkürlich, verändere ihn stets, ergänze ihn und interpretiere ihn neu. Der Grund: Es bemüht sich um jeden Preis, uns in dem Eindruck zu bestätigen, unser eigenes Leben im Griff zu haben, die Wirklichkeit meistern zu können. Wenn wir beispielsweise im Lauf der Zeit etwas vergessen (was nur allzu natürlich ist), so bemüht sich unser Gehirn darum, die so entstandenen Lücken wieder zu füllen (weil es uns die Erkenntnis ersparen will, dass Teile der eigenen Vergangenheit verloren gegangen sind). Und womit füllt es die Lücken? Mit Erinnerungen aus anderen Zusammenhängen, die dort gar nichts verloren haben. Oder, noch radikaler, mit Erinnerungen anderer Menschen, von denen wir irgendwie erfahren haben. So kommt es, dass wir Stein und Bein schwören, etwas habe sich so und nicht anders ereignet, obwohl wir uns in Wirklichkeit bloß an die Geschichten anderer Menschen erinnern.

Da der konkrete Inhalt von Erinnerungen stark von jenen Zusammenhängen gefärbt wird, in denen wir sie abspeichern, verändern wir sie ständig, da sich diese Zusammenhänge von Mal zu Mal unterscheiden. Das bedeutet: Sobald wir die Bilder von unseren kindlichen Weihnachtsfesten hervorholen, verknüpfen wir sie mit den Gefühlen der konkreten Situation, und die sind jedes Mal andere. Und schließlich haben negative Gefühle die Eigenart, recht schnell zu verblassen, sodass wir uns nach einer gewissen Zeit selbst an solche Erlebnisse positiv erinnern, die uns damals, als wir sie erlebt haben, alles andere als angenehm waren. Denken Sie nur an alle nervigen Missgeschicke auf Urlaubsreisen, aus denen wir später, wieder sicher zu Hause gelandet, unterhaltsame Anekdoten machen, die von Mal zu Mal lustiger bzw. spannender werden.

Das bedeutet, dass wir unsere eigenen Erinnerungen an romantische Weihnachten ein wenig relativieren sollten – nicht aus Spielverderberei, sondern aus eigenem Interesse. Denn was nutzt es uns, wenn wir einem Idealbild von Weihnachten nacheifern, das wir verloren glauben – in Wahrheit aber nie erlebt haben? Das nur deshalb in unseren Köpfen herumspukt, weil unser Gehirn einfach all das vergessen hat, was unangenehm daran war? Besser, wir versuchen, uns ein etwas realistischeres Bild davon zu machen (wenn es auch so gut wie unmöglich sein dürfte, die „wahren" Erinnerungen wieder hervorzuzaubern). Der Vorteil: So senken wir unsere Erwartungen an das nächste Weihnachtsfest, was wiederum die Chance erhöht, weniger gestresst zu sein.

Die Sache wird dadurch nicht einfacher, dass die Werbung in ihrem Versuch, uns noch mehr Dinge zu verkaufen, stets idyllische Familienszenen und romantische Weihnachtskulissen für uns arrangiert. Seien es Pralinen, Autos oder Wischtücher – die Werbespots um die Weihnachtszeit sind bevölkert mit glückselig lächelnden Menschen, die einander anstrahlen, während es draußen schneit und sich ein romantischer Schleier über die Welt legt. Warum, fragen wir uns zum wiederholten Mal, kann das heute nicht auch noch so sein?

Ein paar Ratschläge

* Erwarten Sie sich nicht allzu viel

Ein ziemlich unromantischer Ratschlag, wir wissen es. Ein wenig erinnert er an die Fabel vom Fuchs und den Trauben: Als das kluge Tier die zu hoch hängenden, süßen Trauben nicht erreicht, wendet es sich hochmütig ab und meint, es habe sie nie gewollt, seien sie doch noch nicht reif. Andererseits bietet uns die Strategie, unsere Erwartungen zu reduzieren, die Möglichkeit, uns vor allzu großen Enttäuschungen zu bewahren. Und bereits in nicht ganz so perfekten Weihnachten den Glanz jenes Festes zu entdecken, den wir so lieben.

* Locken Sie die Romantik selbst hervor

Die meisten von uns stellen sich vor, dass romantische Weihnachten sich von selbst einstellen wie Schneefall. Man müsse nur lange genug warten können bzw. auf die Natur vertrauen. Aber während wir beim Schneefall tatsächlich darauf angewiesen sind, dass die Natur mitspielt, haben wir es in der Hand, für romantische Stimmung zu sorgen. Wie das klappen kann? Dafür fallen uns zwei Möglichkeiten ein. Für die erste müssen Sie nichts anderes tun, als zu versuchen, den Alltag mit etwas anderen Augen zu sehen, ihn auf die kleinsten Anzeichen von Schönheit und Romantik hin zu betrachten. Sie werden sehen: Jeden Tag gibt es solche Momente. Ein Mondstrahl, der seinen Weg durch die Wolken findet, der Weihnachtsgruß eines Freundes, ein stimmungsvolles Essen mit Freunden, das aufrichtige Danke eines Mitmenschen und vieles mehr. Um diese kleinen Highlights des Tages nicht gleich wieder zu vergessen, könnten Sie dieses Jahr einen ganz besonderen Adventskalender anfertigen: Notieren Sie jeden Abend ein solches Erlebnis in ein schönes Notizbuch – 24 Tage lang. Um sich dann zu Weihnachten selbst ein Geschenk zu machen, indem Sie sich die Erinnerungen an diese 24 Momente noch einmal durchlesen und sich über ihr alltägliches Glück freuen. Und was spricht dagegen, damit das ganze Jahr über weiterzumachen? Glücksforscher haben nämlich herausgefunden, dass zufriedene Menschen die Eigenart haben, genau diese Momente verstärkt wahrzunehmen – und die negativen schneller wieder zu vergessen.

* Erzählen Sie einander Ihre schönsten Erinnerungen

Wenn es schon so ist, dass sich unsere Erinnerungen ständig verändern und wir sie manipulieren – warum dann nicht in unserem Sinne? Eben. Womit wir bei der zweiten Möglichkeit angekommen wären, die gewünschte romantische Stimmung hervorzurufen: Suchen Sie sich, gemeinsam mit Ihrem Partner/Ihrer Partnerin, einen geschützten Platz und laden Sie einander auf eine Reise in Ihre gemeinsame Vergangenheit ein. Erzählen Sie einander, wie es damals war, als Sie sich kennengelernt haben, wie sich die Schmetterlinge im Bauch angefühlt haben, wie die Angst davor, auf Ablehnung zu stoßen, wie die Glücksgefühle über Ihre Begegnung und wie der Mut, sich aufeinander einzulassen. Fragen Sie einander nach angenehmen, romantischen Dingen, danach, wer die wichtigsten Freunde in Ihrem Leben sind und warum diese Menschen eine so große Bedeutung für Sie haben. Einander Geschichten zu erzählen, braucht Zeit. Und das Erzählen schafft Nähe, Wärme und Vertrautheit. Was gibt es Schöneres, als in der warmen Stube zu sitzen, während es draußen kalt ist und vielleicht sogar schneit?

22.

„Jedes Jahr das gleiche Theater! Warum tun wir uns das überhaupt an?“

Warum wir trotz aller Widrigkeiten immer wieder Weihnachten feiern – und warum das eine ganz wunderbare Idee ist.

Nach all den Fragen und Überlegungen, die sich im Zusammenhang mit Weihnachten bisher ergeben haben, drängt sich wahrscheinlich selbst dem geduldigsten Leser langsam die Frage auf: Wenn denn Weihnachten so stressig ist, wenn wir seinetwegen so gerne streiten und wenn wir deshalb sogar Bücher lesen, die „Oh Tannentrauma“ heißen und sich genau mit dieser Frage beschäftigen: Warum tun wir uns das alles eigentlich an? Warum? Nun – die Antwort ist einfach. Sie lautet: Wir feiern jedes Jahr Weihnachten, weil es zur Tradition geworden ist. Aber solche Traditionen haben es durchaus in sich und davon soll jetzt die Rede sein.

Weihnachten ist zweifellos *das* Fest des Jahres; es übertrifft an Wichtigkeit jedes Firmenjubiläum, jeden Hochzeits- und Gedenktag, ja sogar runde Geburtstage können es nicht mit ihm aufnehmen. Warum Weihnachten so wichtig geworden ist und zur allgemein gepflegten Tradition werden konnte (wenn auch zu einer, die dauernden Veränderungen unterworfen ist) – das lässt sich mit Hilfe einer Wissenschaft erklären, die sich „Systemtheorie“ nennt. Sie beschäftigt sich mit der Frage, wie sich Gesellschaften organisieren. Und sie vertritt die Ansicht, dass wir Menschen gemeinsam Dinge erschaffen können, die zum allgemeinen Nutzen sind; an diesen Dingen würde jeder Einzelne irgendwie mitwirken, ohne sich dessen bewusst zu sein. Viele der gemeinsam geschaffenen Dinge würden wirken, als hätte sich jemand dafür einen großen Plan ausgedacht, in Wirklichkeit aber würden sie aus sich selbst heraus entstehen. Das klingt ein bisschen rätselhaft – und ist es auch (und wird es wohl noch eine Zeit lang bleiben, denn die Systemtheoretiker forschen noch). Auf diese Weise sei jedenfalls sehr viel Gemeinsames entstanden (und verändere sich auch sehr viel), sagt die Theorie: unsere Gesetze, unsere Moralvorstellungen, Werte, Ideale, Trampelpfade, Schnellstraßen – sowie Traditionen und Rituale. Nur so ist es zu erklären, dass das Fest einer kleinen religiösen Gruppe (die die Christen einmal waren) ein weltweit gefeiertes Ereignis werden konnte. Dabei verliere das Fest seinen wahren religiösen Kern, sagen Kritiker, aber das soll uns hier nicht beschäftigen, denn darüber haben wir schon in einem anderen Adventsfensterchen geschrieben.

Deutlich weniger rätselhaft als ihre Entstehung ist die Funktion, die Traditionen und Rituale für uns Menschen haben; diese Frage konnte die Wissenschaft eindeutig klären. Ihre Erkenntnis: Sie geben uns Menschen Halt und Orientierung, denn es herrscht weitgehende Einigkeit darüber, was zum Beispiel am 24. und 25. Dezember geschieht, was man tut bzw. tun sollte und was auf keinen Fall; da spielt es auch keine Rolle, dass der eine seinen Christbaum lieber mit Äpfeln schmückt und der andere mit kleinen afrikanischen Krokodilen – das sind Geschmacksfragen, die den Christbaum an sich nicht in Frage stellen. Während der Alltag uns ständig vor anstrengende, weil neue und ungewohnte Aufgaben stellt, haben Rituale und Traditionen den großen Vorteil, vertraut zu sein. Sie erleichtern uns also das Zusammenleben und geben uns Sicherheit, weil sie berechenbar sind. Wie Rituale funktionieren und wie wichtig sie für das Gefühl sind, das eigene Leben im Griff zu haben, können wir schon bei unseren Kindern beobachten. Sind sie einmal auf den Geschmack gekommen, verlangen sie regelmäßig, dass wir ihnen vor dem Schlafengehen etwas vorlesen, am liebsten immer dasselbe Märchen. Wehe, wir ändern auch nur ein Wort – schon gibt es wütende Proteste. Kinder dulden keine Abweichungen von ihren ganz persönlichen Ritualen (viele Erwachsene übrigens auch nicht).

Wenn wir ein wenig genauer hinsehen, werden wir bemerken, dass Rituale und Traditionen unser Leben deutlich mehr bestimmen, als wir im ersten Moment glauben. Wir beginnen den Tag mit Aufwachritualen, waschen uns und putzen die Zähne auf die immer gleiche Weise. Und so geht es den lieben langen Tag dahin: Wir bringen jeden Morgen die Kinder in die Schule, essen immer wieder mit denselben Menschen zu Mittag, feiern auf eine festgelegte Weise Geburtstage, Hochzeiten und Begräbnisse, joggen abends dieselbe Strecke und bleiben einer bestimmten Auto- und Computermarke treu. Überspitzt könnte man sagen, dass unser Leben aus einer Aneinanderreihung tradierter und ritualisierter Handlungen und Verhaltensweisen besteht.

Doch wie das im Leben so ist – auch Traditionen und Rituale haben ihre Kehrseiten. Beginnen sie nämlich, unser Leben zu dominieren, so beschweren sie uns mehr, als dass sie uns helfen: Wir beginnen wie Maschinen zu agieren, werden berechenbar, seelenlos und schematisch, es verschwinden Spontaneität und Unberechenbarkeit, wir fühlen uns beengt und ferngesteuert. Wir Menschen brauchen einfach unsere tägliche Dosis Abenteuer, und wenn sie nur darin besteht, dass wir ausnahmsweise den Schleichweg zur Schule nehmen statt der direkten Verbindung, auf der wir normalerweise fahren. Eine andere Gefahr von Ritualen und Traditionen besteht darin, dass sie zu leeren Hüllen werden, zur hohlen Kulturkonserve, wie der Psychodramatiker Jakob Levy Moreno das genannt hat. Rituale müssen vielmehr authentisch sein, mit echten Gefühlen verbunden. Das gelingt uns nur, wenn wir aufmerksam bleiben und im Bewusstsein leben, dass Rituale adaptiert werden müssen, in unserem Sinne belebt und verändert und neu interpretiert.

Eine Kernthese unseres Buches lautet ja, dass sich am Beispiel des Weihnachtsfestes viele grundsätzliche Fragen und Probleme unseres Lebens zeigen lassen. So scheint uns das auch in diesem Fall zu sein: Einerseits stellt Weihnachten das wichtigste Fest unserer Kultur dar, andererseits droht es ständig, zum leeren Ritual zu werden, weil es von vielen vereinnahmt und missbraucht wird. Denken Sie nur an die Versuche vieler Unternehmen, besonders einträgliche Geschäfte zu machen, indem sie den Wert und die Bedeutung des Weihnachtsfestes bloß zu Werbezwecken benutzen; das führt dazu, dass sie die damit verbundenen Begriffe und Symbole entwerten und unseren Zweifel an ihnen nähren. Weihnachten? Das ist doch lediglich dazu da, uns Geld aus der Tasche zu ziehen.

So verständlich diese Haltung ist – wir sollten uns dadurch aber dieses wunderbare Fest nicht vermiesen lassen. Wir sind mit einem freien Willen ausgestattet, der es uns möglich macht, uns diesem Missbrauch zu entziehen, den wahren Kern vieler Rituale und Traditionen zu entdecken und gegen jene zu verteidigen, die ihn bloß fürs Geschäftemachen benutzen wollen. Wir sind erwachsene Menschen und dazu aufgerufen, uns auch genau so zu verhalten. Wir wissen aus eigener Erfahrung, dass das nicht immer angenehm ist (genau genommen ist es sogar ziemlich oft ziemlich anstrengend), aber es führt leider kein Weg daran vorbei.

Der größte Gewinn eines gelebten Weihnachtsfestes besteht darin, dass wir alljährlich dazu angeregt werden, uns um unsere Familie zu sorgen, sie zusammenzuholen und die Verbindung zu unseren nächsten Verwandten zu erneuern. Wie tief diese Vorstellung und dieser Wunsch in uns verankert sind, können wir daran erkennen, dass wir selbst als Erwachsene am 24.12. ohne zu überlegen „nach Hause“ fahren, also zu den eigenen Eltern – obwohl wir meist schon seit vielen Jahren ganz woanders leben. Erst wenn wir eine eigene Familie gegründet haben, beginnt sich diese enge Bindung an die Eltern zu lösen und wir sehen den vorrangigen Sinn des Festes darin, mit den eigenen Leuten am gewohnten Ort zusammenzukommen. Zuhause natürlich.

Wer sich also jedes Jahr einerseits auf das bevorstehende Fest freut, sich andererseits aber über die damit verbundenen Unwägbarkeiten und Probleme ärgert, der erlebt etwas ganz Normales: Traditionen und Rituale haben immer zwei Gesichter; sie sagen uns, was zu tun ist, erleichtern uns dadurch das Leben, schränken aber zugleich unsere Freiheiten ein. Das ist der Preis, den wir für Verlässlichkeit und Berechenbarkeit zahlen müssen. Doch wir bekommen dafür auch jede Menge wunderbarer Dinge: So bringt Weihnachten den kindlichen Anteil unserer Seele zum Schwingen. Wir sollten ihn nutzen: Jenen Teil unserer Seele also, der sich seit Kindertagen nicht verändert hat, der an Wunder glaubt, der darauf vertraut, dass es manchmal hilft, sich etwas nur intensiv genug wünschen zu müssen, um es zu bekommen. Bestehen Sie darauf, dass Sie Ihr Weihnachtsfest genau so feiern können, wie Sie sich das immer schon gewünscht haben. Und lassen Sie sich dabei von den eingeübten Ritualen und Traditionen helfen, denn dazu sind sie da.

23.

„Mir reicht's! Dieses Jahr verreisen wir in die Karibik"

Über den nachvollziehbaren Gedanken, einfach vor dem Weihnachtsfest davonzulaufen – und warum vieles dagegen spricht, ihn in die Tat umzusetzen.

Wir nehmen an, dass es unter unseren Lesern den einen oder anderen gibt, den wir immer noch nicht davon überzeugen konnten, dass es deutlich mehr Freude als Stress bereitet, Weihnachten zu feiern. All diese Leser werden wahrscheinlich mit dem Gedanken spielen, das nächste Weihnachtsfest ausfallen zu lassen und stattdessen an einen möglichst exotischen Ort zu verreisen, an dem nichts, aber auch gar nichts an den 24.12. erinnert.

Und tatsächlich: Es gibt jede Menge plausibler Gründe, sich abzuwenden. Wir haben von ihnen gehört und eine Untersuchung, die im Auftrag des Internet-Auktionshauses eBay durchgeführt wurde, hat sie dankenswerterweise nochmals aufgelistet: Es sind vor allem der Stress, die ständigen Familienstreitigkeiten, der Kommerz, das liebe Geld und unerwünschte Geschenke, die uns in die Flucht schlagen könnten.

Und doch wollen wir dagegenhalten und all jenen zurufen, die auf dem Weg ins Internet (oder ins Reisebüro) sind, um dort die Tickets zu kaufen, die Sie im Dezember auf eine einsame Insel befördern werden: „Bitte halten Sie kurz inne – und lesen Sie als kleine Anregung dieses Adventsfensterchen durch. Wir versprechen: Sollten Sie auch danach noch nicht überzeugt sein, dann gehören Sie zu den authentischen Weihnachts-Skeptikern und wir wollen aufhören, Sie von etwas anderem zu überzeugen. Ja – wir wollen Ihnen jetzt schon versichern (so Sie darauf Wert legen), dass Sie vollkommen im Recht sind und gut daran tun, dem ganzen Trubel den Rücken zu kehren. Aber vorher lesen Sie bitte noch unsere Argumente, die Ihnen zeigen wollen, dass Weglaufen auch keine Lösung ist." Und zwar aus folgenden Gründen.

Erstens: Auch Weglaufen ist anstrengend. Wenn Sie (berechtigterweise) unter den unzähligen Pflichten und Aufgaben stöhnen, die das Weihnachtsfest Ihnen aufbürdet, so wollen wir Sie darauf hinweisen, dass Reisen, zumal in exotische Länder, erst mal alles andere als erholsam sind. Allein die Suche nach den eigenartigen Krankheiten, die es in den fremden Ländern geben kann und gegen die wir tunlichst geimpft sein sollten, sorgt schon für einen gewissen Grundstress. Wogegen impfen? Wogegen besser nicht? Welche Speisen essen, welche keinesfalls? Wie ist das mit der Gültigkeit der eigenen Krankenscheine, dem örtlichen Gesundheitssystem und der nötigen Reiseapotheke? Und dann erst die lange beschwerliche Reise an das tausende Kilometer entfernte Ziel! Erst mit dem Flugzeug (Klimaanlage, achtstündiges Stillsitzen, jammernde Kinder) und dann mit dem Boot oder dem Bus (Verspätungen, noch stärker jammernde Kinder, erstes verlorenes Gepäckstück). Wenn Sie endlich angekommen sind, leiden Sie zwei, drei Tage unter Jetlag und wenn Sie dann nach zwei Wochen wieder nach Hause zurückgekehrt sein werden, noch einmal. Und schließlich das Ein- und Auspacken, die Vorbereitungen, die Kosten – und die in letzter Sekunde eingekauften Weihnachtsgeschenke, die auch noch mitsollen, denn: Plötzlich waren Sie sich Ihrer Sache mit der Flucht ans Ende der Welt doch nicht mehr so sicher und dachten (liebevoll, wie Sie sind): „Besser, ich habe ein paar Geschenke dabei, zur Sicherheit, wer weiß!"

Zugegeben, wir haben vornehmlich die schlechten Seiten von Fernreisen zitiert und die Möglichkeit, dass Sie innerhalb von Europa verreisen, außer Acht gelassen. Zudem hat so ein Aufenthalt in sonnigen Gegenden auch seine guten Seiten. Er hilft Ihnen – so Sie unter winterlicher Niedergeschlagenheit oder gar Depressionen leiden – ganz zweifellos: Die Sonne animiert unseren Körper dazu, mehr von jenem Botenstoff namens Serotonin auszuschütten, der dazu beiträgt, dass wir uns glücklicher fühlen. Andererseits sollten Sie daran denken, dass Sie Ihrem Körper durch so einen Urlaub in der Hitze einiges zumuten: Eben erst hat er sich auf niedrige Temperaturen und wenig Licht eingestellt, schon setzen wir ihn radikal dem Gegenteil aus, um ihm zwei Wochen später schon wieder den nächsten Klimaschock zuzumuten.

Wie dem auch sei: Die Hoffnung jedenfalls, durch die Flucht an einen weit entfernten Urlaubsort dem weihnachtlichen Stress zu entgehen, ist müßig: Wir werden den Stress nicht los, sondern wir tauschen ihn nur gegen einen anderen ein.

Und nun zum zweiten Grund, der gegen eine Flucht aus dem Weihnachtstrubel spricht. Er wiegt deutlich schwerer als der erste, wie wir glauben. Die meisten Themen und Probleme, mit denen wir uns nämlich in der Adventszeit herumschlagen, tauchen zwar in diesen Wochen auf, lauern aber das ganze Jahr hindurch im Hintergrund; das Weihnachtsfest macht sie nur sichtbar. Es gibt eine psychotherapeutische Grundformel, die das sehr schön auf den Punkt bringt. Sie lautet: „Vor uns selbst können wir nicht davonlaufen", oder: „Du hast dich selbst immer dabei!" Flucht ist also zwecklos, wie weit auch immer sie führt, denn die meisten unserer Konflikte und Fragen tragen wir in uns – und daher auch überall mit hin. Da erscheint es uns deutlich empfehlenswerter, die Gunst der Stunde zu nutzen und uns all den Fragen zuzuwenden, die das Weihnachtsfest aktualisiert hat. Denn viele dieser Fragen haben die unangenehme Eigenart, sich nicht verdrängen zu lassen, sondern regelmäßig wiederzukehren.

Nehmen wir nur das Trommelfeuer an Werbung, unter dem viele während der Adventszeit besonders leiden, und zwar zu Recht. Man kann versuchen, sich ihm durch Verreisen zu entziehen, aber genau besehen sind wir ihm das ganze Jahr über ausgesetzt. Ständig wollen Unternehmen uns einreden, was wir kaufen sollen, was wir unbedingt besitzen müssen, welche Marke im Moment cool ist, mit welchem Parfum wir besonders attraktiv auf andere wirken, welche Lebenshaltung modern ist und so fort. Unangenehm daran ist vor allem, dass wir für all diese Botschaften nicht unempfänglich sind, sondern spüren, wie sie uns erreichen und locken. Es ist ziemlich anstrengend, sich das ständig bewusst zu machen und auf Dinge zu verzichten und die Versprechen nicht ernst zu nehmen. Wir Menschen haben nun mal einen gewissen Hang, es den anderen gleichzutun, denn viele fühlen sich erst dann sicher, wenn sie sind wie die anderen, besitzen, was die anderen ebenfalls besitzen. Wer sich hingegen dem allgemeinen Denken und Kaufen entzieht, nimmt in Kauf, dass er ziemlich allein dasteht.

Das zu fürchten, dafür gibt es sehr gute Gründe; wir verdanken sie der menschlichen Entwicklungsgeschichte: Über viele tausend Jahre hinweg war es sehr vernünftig, sich an der Gruppe zu orientieren, weil nur das ein Überleben garantierte. Wer allein zurückblieb oder glaubte, auf eigene Faust die Welt erkunden zu müssen, hatte eine deutlich geringere Lebenserwartung: Für wilde Tiere war der einzelne Mensch eine deutlich leichtere Beute als eine große Gruppe. Und in einer Natur, deren Geheimnisse die Menschen nur langsam erkundeten, war es sehr klug, nur das zu essen, was andere bereits ausprobiert hatten (und nicht exotische Kräuter für das Mammutschnitzel zu verwenden).

Heutzutage jedoch herrschen Ideale, die der eben zitierten Entwicklungsgeschichte widersprechen: „Sei einzigartig!“, lautet die Devise, „mache deine eigene Sache, orientiere dich an niemandem!“. Nichts Schlimmeres gibt es als zu sein wie die Masse. Es liegt auf der Hand, dass diese beiden Tendenzen – „Mach, was die anderen tun!“ und „Sei keinesfalls wie die anderen!“ – einander ziemlich in die Quere kommen. Zurück bleiben Menschen, die hin- und hergerissen sind zwischen Erbe und Selbstbestimmung. Es bleibt daher kein anderer Weg, als sich irgendwie durchzuwurschteln, etwas vornehmer formuliert: einen für alle lebbaren Kompromiss zu finden. Sie sollten also, soweit möglich, Ihr Weihnachtsfest genau so gestalten, wie es Ihrem authentischen, Ihrem wahren Selbst entspricht. Dieses wahre Selbst begeistert sich an der Begegnung, am Austausch der Meinungen, daran, Dinge und Menschen zu erkennen; Ihr Selbst liebt das Forschen, das Kreative, das Authentische, das Autonome, das Spontane, die Abwechslung, die Lebendigkeit, das Bunte und einen stabilen Seelenhaushalt.

Gleichzeitig sollten Sie von anderen Menschen fordern, dass sie es mit ihrem wahren Selbst genauso halten. Nur so wird ein erfülltes Miteinander möglich, nur so kann es gelingen, bestehende Konflikte konstruktiv zu klären. Wenn Ihr Gegenüber anderen Spielregeln folgt, wenn es dazu neigt, Grenzen zu überschreiten, Sie abzuwerten, zu verletzen, dann nehmen Sie sein Verhalten einfach nur wahr – das ist der beste Weg, ihn und seine Strategien zu enttarnen.

In dem Zusammenhang sollten Sie stets daran denken, dass das wahre Selbst nicht nur darauf angewiesen ist, sich selbst zu schätzen und zu lieben, sondern auch darauf, freudig Grenzen zu ziehen und zu verteidigen; all das sind unabdingbare Voraussetzungen für lustvolle Begegnungen mit anderen. Es liegt in der Natur der Welt, dass es destruktive Menschen gibt, die zu negativen Aggressionen neigen und zu zerstörerischen Grenzüberschreitungen. Begegnen Sie solchen Menschen, werden Sie wahrscheinlich verletzt sein und das Gefühl haben, jemand habe Ihren seelischen Garten verwüstet, habe Ihre sorgsam gehegten Tulpen und Rosen niedergetrampelt. Wir wählen dieses Bild des „Seelengartens“ ganz bewusst, denn es kann sehr hilfreich sein, die eigene Seele als eine Art Garten zu begreifen. Er soll jener innere Ort sein, an dem Sie sich rundum wohlfühlen. Diesen Garten dürfen Sie genau so einrichten, wie Sie wollen. Wie wäre es mit einem kleinen Teich, mit Wiesen und Kieswegen, mit Bäumen und Bächen? Fühlen Sie sich frei, ihn nach Ihren Idealvorstellungen einzurichten. Während die einen eher ländliche Gärten bevorzugen, brauchen andere das Meer mit einem Sandstrand und Palmen, um sich wiederzufinden. Ihre Gedanken sind frei – das Bild muss nur eine Anforderung erfüllen: Es sollte stimmig für Sie sein und der Anblick des Gartens Sie glücklich machen.

Dieser Garten braucht – wir haben es vorhin angesprochen – einen guten Schutz. So wie wir einen realen Garten mit Zaun und Hecke schützen können, so ist es unsere Aufgabe, unseren eigenen inneren Garten abzugrenzen und darauf zu achten, wen wir hereinlassen und wer draußen bleiben muss. Lassen Sie die giftigen, die zerstörerischen Menschen jenseits Ihres Zaunes; Sie können natürlich mit ihnen sprechen, aber nur über das Gartentor hinweg. Geben Sie ihnen keine Chance, Ihre liebevoll gepflegten Blumenbeete oder Ihren weißen Strand zu verwüsten. Lassen Sie nur solche Menschen in Ihre Nähe und öffnen Sie nur jenen das Gartentor, die Sie wirklich lieben und zu denen Sie Vertrauen haben.

Um Ihr wahres Selbst zu leben, ist es bisweilen notwendig, bestimmte Möglichkeiten zu verwerfen, sich selbstbewusst gegen etwas zu entscheiden. Begegnung, Freundschaft und Liebe sind wichtiger als Geld, Glanz, Erfolg und Reichtum. Natürlich wäre es am besten, wenn wir alles gleichzeitig bekommen könnten (und wenn Sie es schaffen – nur her damit, denn das eine schließt das andere nicht aus). Aber in den allermeisten Fällen werden Sie sich entscheiden müssen und da sollten Sie Ersteres wählen. So sollten Sie, vor die Wahl gestellt, einen Menschen nicht wegen des Geldes als Lebenspartner wählen – wir wissen, das ist eine absolute Selbstverständlichkeit, aber hin und wieder müssen wir uns solche Selbstverständlichkeiten in Erinnerung rufen, um uns ihrer zu versichern.

Was ist es, das uns im Innersten zusammenhält? Es sind nicht Geld, Reichtum, Glanz und Ruhm, sondern Verbundenheit, Sympathie, Liebe, eine gemeinsame Wellenlänge, Ausstrahlung, Kraftfelder. All das spielt eine entscheidende Rolle in unserem Leben. Und welcher Anlass würde sich besser eignen, uns diese Urwahrheiten ins Gedächtnis zu rufen, als das Weihnachtsfest, das wir im Kreis unserer Liebsten feiern? Und: Auf die Malediven kommen Sie früher oder später auch, ohne dafür den Christbaum sausen zu lassen.

24.

„Jetzt haben wir über viele, nicht immer angenehme Dinge gesprochen – gut. Eine Antwort sind Sie uns aber schuldig geblieben: Worum geht es bei Weihnachten Ihrer Ansicht nach?“

Der Versuch einer kurzen Antwort auf eine lange, berechtigte Frage.

„Es war Weihnachten 1812, Heiliger Abend. Einzelne Schneeflocken fielen und legten sich auf die weiße Decke, die schon seit Tagen in den Straßen der Hauptstadt lag. Die Laternen, die an lang ausgespannten Ketten hingen, gaben nur spärliches Licht; in den Häusern aber wurde es von Minute zu Minute heller, und der ‚Heilige Christ‘, der hier und dort schon einzuziehen begann, warf seinen Glanz auch in das draußen liegende Dunkel.“

So beginnt der Roman „Vor dem Sturm“ von Theodor Fontane und es spricht für die Kraft des Schriftstellers ebenso wie für die Kraft des Weihnachtsfestes, dass wir nur ein paar Zeilen lesen müssen, um völlig in diese ganz besondere Stimmung einzutauchen.

Wir haben dieses Zitat aus gutem Grund an den Beginn unseres vierundzwanzigsten und letzten Kapitelchens gesetzt. Denn nachdem wir uns in den vorangegangenen Texten auf die Suche nach Problemen und möglichen Antworten darauf begeben haben, wollen wir uns nun auf das Positive konzentrieren, das Schöne und Harmonische. Hier wollen wir uns darauf besinnen, was Weihnachten für uns bedeuten kann und warum dieses Fest auch für Menschen aus anderen Kulturen so anziehend geworden ist.

Das Ende des Jahres ist für uns eine besondere Zeit: Nachdem über viele Wochen hinweg die Tage immer kürzer wurden, die allgegenwärtige Sonne kaum mehr zu sehen war, zeichnet sich nun, um den 25. Dezember herum, die entscheidende Wende ab: Die Sonne beginnt wieder länger zu scheinen – eine Rückkehr des Lichts und der Wärme, die unsere Vorfahren jedes Jahr von Neuem feierten; erleichtert, wie wir annehmen können. So zum Beispiel die Ägypter, die an diesem Tag die Isis feierten, ihre „Sonnenmutter"; später übernahmen die Römer von den Persern einen entsprechenden Kult und feierten ihren „Sol Invictus", also ihren unbesiegbaren Sonnengott. An diese Tradition knüpfte auch das christliche Weihnachtsfest an und man spricht daher im Zusammenhang mit Weihnachten gerne vom Licht und weist der Erleuchtung der Welt und des Menschen eine ganz besondere Rolle zu. Jesus sagt in der Bibel daher auch von sich selbst: „Ich bin das Licht der Welt".

Wir Menschen sind existenziell von der Sonne, ihrer Wärme und ihrem Licht abhängig. Einmal abgesehen davon, dass es kein Leben geben würde ohne sie, reagieren wir Menschen recht empfindlich auf den Entzug des Sonnenlichts: Unser Körper produziert dann weniger Serotonin, also jenes Hormon, das maßgeblich dafür verantwortlich ist, wie glücklich (oder unglücklich) wir uns fühlen. Außerdem ist es dafür zuständig, wie viel Elan wir entwickeln, wie gut wir uns konzentrieren können und wie viel Freude am Leben wir empfinden.

Doch es geht im Zusammenhang mit dem Weihnachtsfest nicht nur darum, dass die reale Finsternis langsam wieder zurückgedrängt wird. Wir feiern auch die Möglichkeit, etwas gegen unsere seelische Finsternis zu unternehmen – und zwar mit Hilfe eines neu geborenen Kindes. Jesus gilt vielen als Lichtbringer, als Hoffnungsträger, aber auch als Inbegriff der Liebe.

Wer nach irdischen Wundern sucht, wird nicht umhinkommen, die Geburt eines jeden Kindes dazuzuzählen. Um die Kraft dieser ganz besonderen Geburt zu nutzen, müssen wir nichts anderes tun, als uns diesem Wunder zu öffnen, dieses Kind willkommen zu heißen. So, wie wir jedes Neugeborene willkommen heißen: „Ich freue mich, dass du da bist, ich freue mich, dass es dich gibt.“ Wem diese grundsätzliche, existenzielle Zustimmung verwehrt wird, dem fehlt in seinem weiteren Leben die Basis. Die Bedeutung von Weihnachten lässt sich in diesem einen Satz komprimieren; er muss die Grundlage unserer Beziehungen bilden, ihn gilt es zu beherzigen: „Ich freue mich, dass du da bist, ich freue mich, dass es dich gibt.“ Man kann diesen Satz auch in einem einzigen Wort zusammenfassen: Liebe.

Paracelsus hat gesagt, das wahrhaft Heilende sei die Liebe. Wie wahr. Kinder brauchen Liebe, Kinder brauchen Zuwendung, Nähe, Geborgenheit, Schutz. Sie brauchen Aufrichtigkeit und Echtheit, sie brauchen aber auch Treue und Verlässlichkeit. Aber brauchen das nur Kinder? Natürlich nicht: Wir alle sind existenziell auf all dies angewiesen. Und Weihnachten ist eine wunderbare Möglichkeit, uns darauf zu besinnen – und zwar so nachhaltig, dass sich diese Erkenntnis nicht bereits zu Silvester wieder im Sektdunst verflüchtigt, sondern uns das ganze Jahr trägt.

Weihnachten ist das Fest der Liebe. Aber diese Liebe fällt uns nicht von allein in den Schoß. Vielmehr sind wir aufgerufen, uns um sie zu bemühen, indem wir mit unseren Mitmenschen liebevoll, fair, aufmerksam und respektvoll umgehen, sie zu beschützen versuchen, so gut wir können. In der Person des Christuskindes ist all jenes vereint, das wir als Vorbild nehmen können. Und wir sind aufgerufen, so viel wie möglich davon zu übernehmen.

Seien Sie Retter, Beschützer, Verzeihender und Liebender für andere, versuchen Sie diese Rollen in Ihrem Sinne zu verändern, sie anzunehmen. Sie sind der Regisseur und die Regisseurin Ihres Lebens, denn letztlich können nur Sie selbst entscheiden, was richtig und was falsch ist. Die Geburt Christi und das Weihnachtsfest können Ihnen dafür als Orientierungspunkte dienen. Sehen Sie im Weihnachtsfest also nicht eine Last, sondern die Chance, sich auf das Wesentliche zu besinnen.

In diesem Sinne: Fröhliche Weihnachten Ihnen allen!

Glücklich sein als Unterrichtsfach.

Stelzig, Manfred
„WAS DIE SEELE
GLÜCKLICH MACHT“
192 Seiten, EUR 19,95
ISBN: 978-3-902404-58-9

»Stelzig präsentiert Strategien, wie man im modernen Alltag seiner Seele Gutes tut.«

Salzburger Nachrichten

Lernen Sie die verblüffenden Zusammenhänge zwischen Körper und Seele und dabei auch sich selbst besser kennen. Primar Dr. Manfred Stelzig, Leiter der psychosomatischen Abteilung des Landeskrankenhauses Salzburg, gibt in diesem Buch zahlreiche anschauliche wie überraschende Beispiele aus seiner jahrelangen Praxis zu den wichtigsten Krankheiten mit oft seelischen Ursachen, wie z. B. Depressionen, Herz-Kreislauf-Erkrankungen, chronisch-entzündliche Darmerkrankungen, Hauterkrankungen, Ess- und Schlafstörungen sowie verschiedene Schmerzsymptome.
Erfahren Sie, wie Sie mithilfe spezieller vom Autor entwickelter Übungen Ihre Seele wieder ins Gleichgewicht bringen und dadurch einen Heilungsprozess des Körpers ermöglichen können.
„Was die Seele glücklich macht“ ist eine Grundanleitung im täglichen Umgang mit sich selbst, die uns helfen soll, unser Seelenhaus mit Vertrauen, Geborgenheit, Wertschätzung und nicht zuletzt einer leistungsunabhängigen Liebe neu zu errichten und zu bewohnen.

Das tägliche Zähneputzen für die Seele.

Stelzig, Manfred
„KEINE ANGST VOR DEM GLÜCK“
176 Seiten, EUR 19,95
ISBN: 978-3-902404-56-5

»Glücksfahrt ins seelische Gleichgewicht.«

Der Standard

Noch nie ist es uns objektiv gesehen so gut gegangen wie heute. Trotzdem ist das subjektive Befinden der Mehrheit so schlecht wie noch nie – Angst, Depression, Panikattacken.
Wie kann das sein?
Die heutige Hochgeschwindigkeits-Gesellschaft verlangt von uns Dinge, auf die uns die langsame Evolution einfach nicht vorbereitet hat. Um all die täglichen Anforderungen in Beruf und Alltag auch bewältigen zu können, müssen wir nicht nur körperlich, sondern vor allem auch psychisch im Gleichgewicht sein.
Manfred Stelzig zeigt Ihnen anhand konkreter Beispiele aus seiner Praxis, wie Sie mit ganz einfachen Übungen Ihr inneres Wohlbefinden wieder finden. Lernen Sie das tägliche Zähneputzen für Ihre Seele!